내 마음 탐구생활

1판 1쇄 2023년 1월 1일

글 · 그림   꼬마곰
펴 낸 곳   OLD STAIRS
출판 등록 2008년 1월 10일 제313-2010-284호
이 메 일   oldstairs@daum.net

가격은 뒷면 표지 참조
ISBN 979-11-91156-79-9
ISBN 979-11-91156-22-5 (set)

이 책의 전부 또는 일부를 재사용하려면 반드시 OLD STAIRS의 동의를 받아야 합니다.
잘못 만들어진 책은 구매하신 서점에서 교환하여 드립니다.

공통안전기준 표시사항

- 품명 : 도서
- 재질 : 지류
- 제조자명 : Oldstairs
- 제조국명 : 대한민국
- 제조연월 : 2023년 1월
- 주소 : 서울특별시 마포구 양화로12길 24, 4층
- KC인증유형 : 공급자적합성확인

KC마크는 이 제품이 공통안전기준에 적합하였음을 의미합니다.
책 모서리에 찍히거나 책장에 베이지 않게 조심하세요.

머리말

여러분은 스스로에 대해 잘 알고 있나요? 자신 있게 '그렇다'고 대답할 수 있는 사람은 많지 않을 거예요. 열 길 물속은 알아도 한 길 사람 속은 모른다는 속담처럼, 나의 속마음을 알기란 매우 어렵기 때문이죠. 좋아하는 음식은 무엇인지, 100m 달리기는 몇 초를 기록하는지, 제일 친한 친구는 누구인지는 대답할 수 있지만, 화가 났을 때 어떤 표정을 짓는지, 언제 가장 외로움을 느끼는지, 어떤 사람으로 성장하고 싶은지는 대답하기 어려운 것처럼요.

'나'를 알아가는 과정은 삶에 있어서 아주 중요합니다. 깊이 있는 자아 탐색이야말로, 꿈을 먹고 성장하는 어린이를 한껏 성장시키는 도구이기 때문이죠. 이와 같은 자기 이해 과정은 내가 어떤 사람인지 알 수 있게 도와줄 뿐만 아니라 스스로를 사랑할 수 있는 지름길이 되어줍니다.

몸이 자란다고 해서 마음도 함께 자라는 것은 아니기에, 끊임없는 노력과 연습을 통해 내 마음을 넓혀주어야 해요. 나와 세계를 탐구할 때 비로소 우리의 마음이 자라나거든요. 내 마음을 들여다보고, 그 속에 무엇이 있는지 살펴보는 시간을 가져 보세요. 마음이 쑥쑥 커지는 것을 느낄 수 있을 거예요.

<내 마음 탐구 생활>은 나와 타인의 감정과 생각을 다루는 일에 서툰 어린이들을 위한 심리 상담서입니다. 일상생활에서 겪는 다양한 고민들을 통해 진정한 나 자신과 마주할 수 있는 용기를 심어줍니다.

꼭 순서대로 읽을 필요는 없어요. 내 마음속에서 모락모락 피어오르던 궁금증이 담겨있는 부분부터 읽어보세요. 마음을 들여다보는 방법을 배운다면 보다 너그러운 이해심과 탁 트인 시야를 갖게 될 수 있을 거예요.

자, 그럼 지금부터 깊은 곳에 숨어있던 나의 마음을 탐구하러 떠나볼까요?

차례

1장
사람들은 왜 나쁜 행동을 하는 걸까?
순자의 이야기 8p

- 성선설과 성악설 ············ 19p
- 루시퍼 효과 ················· 25p
- 환경이 범죄에 미치는 영향 ·· 32p

2장
친구를 사귀는 게 너무 어려워!
사랑이의 이야기 42p

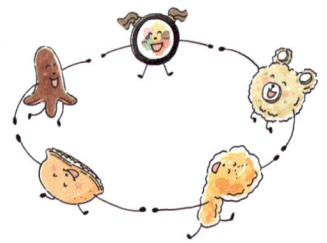

- 고슴도치 딜레마 ············ 52p
- 애착 ······················· 58p
- 과거의 나와 화해하기 ······· 61p

3장
현실도 게임처럼 다시 시작하고 싶어!
노리의 이야기 72p

- 게임 중독과 리셋 증후군 ··· 83p
- 리셋 증후군의 특징 ········· 90p
- 팝콘 브레인 ················ 97p

4장
뉴스를 믿어서는 안 된다고?
동영이의 이야기 106p

확증 편향 ············ 114p
가짜 뉴스 ············ 120p
악마의 변호인 ············ 127p

5장
나는 왜 칭찬이 부담스러울까?
설이와 찬이의 이야기 136p

피그말리온 신화 ············ 144p
로젠탈 효과 ············ 152p
칭찬의 장점과 단점 ············ 159p

6장
슬프고 힘들 때는 어떻게 하지?
아영이의 이야기 170p

벽에 붙은 파리 효과 ············ 176p
카메라와 관찰자 ············ 182p
거리두기 실험 ············ 190p
객관적 자아 ············ 196p

1장
사람들은 왜 나쁜 행동을 하는 걸까?

순자의 이야기

요란한 소음과 함께 아이들이 교실 밖으로 우르르 쏟아져 나왔다. 파도에 떠밀리듯 복도로 튕겨 나온 혜원이는 주위를 두리번거렸다. 저 멀리서 일찍이 종례가 끝난 친구들이 손을 흔들고 있었다. 부표처럼 떠 있는 손바닥을 향해 돌진하자, 수진이와 연서가 양옆으로 팔짱을 껴왔다.

"나 어제 용돈 받았는데 떡볶이 먹으러 갈래?"
"진짜? 혜원이 네가 사는 거지?"
"그럼, 당연하지!"
"앗싸! 점심 맛없었는데 잘 됐다."

복도는 시장통처럼 소란스러웠다. 같이 PC방 갈 사람! 아직 종례 안 끝났는데 어디 가니? 내 필통 본 사람 없어? 온갖 소음이 피구 공처럼 사방으로 튀었다. 그 틈에서 서로의 목소리를 놓치지 않기 위해 머리를 모은 채 대화를 나누던 그때였다. 어딘가 모르게 허전한 기분에 혜원이가 주변을 두리번거렸다.

"근데 순자는 어디 갔어?"

순자, 혜원이, 연서, 수진이는 교내에서 사총사로 통했다. 초등학교 1학년 때 만나 지금까지 한 번도 떨어져 본 적이 없었기 때문이다. 같은 반일 때보다 그렇지 않을 때가 더 많았지만, 하교만큼은 함께 하자는 것이 네 사람의 약속이었다. 올해는 항상 종례가 늦게 끝나는 혜원이네 반 앞에서 모이는 것을 규칙으로 삼았는데, 웬일인지 순자가 보이지 않았다.

"아, 맞다! 순자 오늘 청소 당번이라 조금 늦게 끝난다고 그랬는데."

연서가 제 이마를 손바닥으로 탁! 치며 말했다. 세 사람은 계단으로 향하려던 발걸음을 돌려 순자네 반 앞으로 향했다.

종례는 이미 끝난 것인지 분위기가 썰렁했다. 혜원이가 창문을 열고 고개를 빼꼼히 내밀었다.

이름을 부르자 순자가 뒤를 돌아보았다. 창가에 매달린 제 친구들을 보자 순자의 얼굴에 사르르 미소가 피어났다. 창가로 달려간 순자가 반가운 마음을 담아 발을 동동 굴렀다.

"너네 벌써 끝났어?"
"응, 조금 전에. 순자 너는 아직이야?"

혜원이의 대답이 끝나기가 무섭게 연서가 창문 틈으로 고개를 내밀었다.

"혜원이가 용돈 받았다고 오늘 떡볶이 쏜대~"
"뭐? 진짜? 맛있겠다, 떡볶이!"

초등학교 후문 앞 '소문난 떡볶이'는 네 사람의 아지트였다. 2천 원만 내면 4인분 같은 2인분에 어묵 국물, 튀김만두까지 서비스로 나오는 곳이었다. 오랜만에 떡볶이를 먹을 생각에 군침을 삼키던 순자의 표정이 삽시간에 어두워졌다.

"근데…… 나는 오늘 못 갈 것 같아."

청천벽력과도 같은 소리에 세 아이의 표정도 덩달아 가라앉았다. 떡볶이라면 사족을 못 쓰는 순자가 웬일이지? 궁금증을 참지 못한 연서가 이유를 물었다. 그러자 순자는 한숨을 푹 내쉬며 대답했다.

"이번 주 청소 당번이라 쓰레기 버려야 해서……."

순자의 말에 연서가 입을 삐죽 내밀었다. 서비스로 나오는 튀김만두 2개는 정확히 반으로 갈라 한 조각씩 먹어야 했다. 순자가 빠지면 나머지 한 조각을 가지고 옥신각신 다툼을 벌어질 게 분명했다. 짝수로 이루어진 사총사의 세상에서 홀수는 언제나 골칫덩어리였다.

"그거 금방 버리고 올 수 있는 거 아니야?"
"나도 그럴 줄 알았는데……."

연서가 톡 쏘아붙이자 순자가 한쪽을 가리켰다. 세 사람은 창문 너머로 고개를 있는 힘껏 빼고 바라보았다. 그 뒤로 감춰져 있던 교실 풍경을 바라보자 세 사람의 입이 떡 벌어졌다. 쓰레기통은 가득 차 있었고, 주변은 넘쳐흐른 쓰레기들로 엉망이었다.

"봤지? 다 정리하려면 한참 걸릴 거야. 너희들끼리 맛있게 먹고 와."
"아무리 그래도 어떻게 우리끼리 가."
"주변만 조금 정리하고 그냥 가면 안 돼? 어차피 금방 다시 지저분해질 거 아니야."

맞아, 맞아. 어차피 다들 모를걸? 연서의 말에 수진이도 동의한다는 듯 고개를 끄덕였다. 수진이의 고갯짓을 따라 순자의 마음도 살랑살랑 흔들렸다. 연서의 말대로 쓰레기통을 대충 정리한다고 해도 큰 문제가 될 것 같지는 않았다. 개학을 한 이후, 늘 저런 상태였으니까.

게다가 내일이 되면 또 쌓일 테니 아무리 열심히 치운다고 해도 밑 빠진 독에 물 붓기나 다름없었다. 하지만 이대로 두고 가는 건 양심에 좀 찔리는데……. 순자의 마음이 휘청대는 사이, 혜원이가 입을 열었다.

"에이, 선생님이 시키신 일인데 빼먹을 수는 없지. 그러지 말고 우리가 좀 도와줄까? 다 같이 하면 금방 끝날 것 같은데."

그럼 나야 고맙지, 하고 대답하려던 순자가 말을 꾹 삼켰다. 수진이가 난감한 표정을 짓고 있었기 때문이다.

"저기, 미안한데 그건 안 될 것 같아. 밥 먹고 바로 학원 가봐야 해서……."

다 같이 청소를 하면 좋을 것이다. 정리도 금방 끝날뿐더러 수다를 떠느라 시간 가는 줄 모를 테니까. 하지만 그렇다고 친구들에게 억지로 청소를 부탁할 수도 없는 노릇이었다. 그럴 권리가 순자에게는 없었다. 결국 순자는 마음을 단념하는 편을 택했다. 이럴 시간에 빨리 청소를 시작하는 게 여러모로 좋았다.

"그래, 너희 다 바쁘니까 얼른 가 봐. 몇 번만 왔다 갔다 하면 금방 치우겠지, 뭐."

순자는 애써 밝게 웃어 보였다. 그런 순자의 표정을 읽은 혜원이는 마음이 불편해졌다. 혼자라도 남아서 순자를 돕고 싶은 마음이 굴뚝같았다. 하지만 이미 수진이와 연서에게 오늘 떡볶이를 사겠다고 약속을 해 놓은 터라 무를 수도 없었다.

결국 언제나 넷이 함께 갔던 '소문난 떡볶이'는 이번에만 셋이서 가는 것으로 일단락됐다. 문제가 됐던 튀김만두 역시 삼등분으로 나눠, 두 조각씩 먹기로 합의했다. 문제가 해결되자 수진이와 연서는 혜원이에게 팔짱을 꼈다. 포박을 당한 모양새가 된 혜원이는 별수 없이 손 인사 대신 고개를 흔들었다.

"그, 그럼 내일 봐, 순자야."
"응, 떡볶이 맛있게 먹어!"

쉴 새 없이 재잘거리던 친구들이 빠져나가자 교실은 무겁게 가라앉았다. 쓰레기통을 바라보던 순자가 바닥이 꺼질 듯 한숨을 푹 내쉬었다. 쓰레기의 양을 보아하니, 어림잡아도 교실과 분리수거장을 서너 번은 오가야 할 것 같았다.

"하……. 진짜 큰일이다, 이걸 언제 다 치우지?"

친구들에게는 금방 치울 수 있다고 자신 있게 말했지만, 순자는 막막하기만 했다. 교실부터 분리수거장까지는 왕복으로 최소 10분. 그걸 네 번 반복하면 40분이었다. 친구들이 같이 도와줬다면 금방 끝났을 텐데……. 순자는 의미 없는 상상을 되풀이했다. 눈앞에 놓인 현실이 그야말로 지옥 같았기 때문이다.

순자는 결연한 자세로 쓰레기통 앞에 섰다. 오가는 횟수를 한 번이라도 줄이려면 최대한 쓰레기봉투를 꽉꽉 채우는 수밖에 없었다. 쓰레기통 안으로 발을 집어넣어 꾹 밟았다. 공간을 차지하고 있던 상자와 종이들이 빠르게 부피를 줄여나가던 그때였다.

"으악, 뭐야!"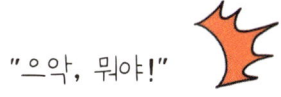

슬리퍼를 신고 있던 양말 끝이 오렌지빛으로 젖어 들어갔다. 발을 빼고 봉투 안을 살피자 주황색 액체가 다 쓴 휴지들을 빠르게 적시고 있었다. 아무래도 누군가 먹다 남은 음료수를 그대로 쓰레기통에 던져버린 게 분명했다. 순자는 축축해진 발끝을 내려다보았다. 짜증이 확 밀려왔다.

"아니, 쓰레기를 대체 왜 바닥에 버리는 거야? 분리수거는 또 왜 안 하는 거고?"

"그러게 말이다."

등 뒤에서 들려오는 말대꾸에 순자가 고개를 돌려보았다. 그곳에는 심리가 앉아 있었다. 늘어지게 하품을 하던 심리가 순자와 눈이 마주치자 생긋 웃어 보였다. 도대체 언제부터 여기 있었던 거지? 의아해진 순자가 물었다.

"어, 뭐야? 심리 너 아직 집에 안 갔어?" 흐아암~

심리는 두 팔을 위로 쭉 뻗으며 기지개를 켰다. 그 모습이 너무 여유로워 보여서 순자는 이상하게 조급함이 달아나는 기분이었다.

"종례 시간이 지난 줄도 모르고 자버렸지 뭐야? 아무도 안 깨워주고 다들 가버렸네."

"자느라 집에 못 간 거야? 너도 가만 보면 참 특이하다니까."

고개를 휘젓던 순자의 시선이 다시금 쓰레기통으로 향했다. 아 참, 심리랑 말장난이나 하고 있을 때가 아닌데. 한시라도 빨리 정리를 끝마쳐야 했지만, 젖어버린 양말과 수북이 쌓인 쓰레기를 보고 있자니 의욕이 저만치로 달아났다. 순자는 쓰레기통 속으로 손을 집어넣었다. 잔뜩 우그러든 음료수 팩이 손에 들려 나왔다. 꽂혀있던 플라스틱 빨대 사이로 주황색 액체가 울컥울컥 쏟아져 나왔다.

순자는 빨대만 쏙 빼내어 '플라스틱'이라고 적힌 쓰레기통에 던져 넣었다. 그리고는 두루마리 휴지를 후루룩 풀어내 젖은 손과 교실 바닥을 닦아냈다. 비위가 상해버린 속이 자꾸만 뒤집혔다. 억지로 가라앉혀 보아도 무언가가 불쑥불쑥 치밀었다. 손에 들고 있던 휴지 뭉치를 쓰레기통에 던져 넣은 순자가 한숨을 푹 쉬며 말했다.

순자의 질문에 졸음이 가득했던 심리의 두 눈이 번쩍 뜨였다. 형광등도 꺼진 어두컴컴한 교실에서 심리의 매끈한 눈동자가 반짝, 하고 빛났다.

"응? 그건 왜?"
"아니, 뭐…… 그냥, 갑자기 그런 생각이 들어서. 쓰레기통이 바로 옆에 있는데도 굳이 바닥에 쓰레기를 버리는 거나 분리수거도 하지 않고 아무렇게나 내던지는 건 인간이 나쁘기 때문이 아닐까? 하고."

순자는 평소에도 종종 그런 생각을 하곤 했다. 아이들은 뻔히 있는 규칙도 종종 어기고는 했으니까.

새치기나 계단에서 뛰는 건 예삿일이었고, 몸이 약한 친구를 일부러 괴롭히거나 선생님께 거짓말을 하는 아이들도 많았다. 못된 말을 입에 달고 사는 아이들도 더러 있었다. 누군가 가르쳐주지 않았는데도 자연스럽게 나쁜 말과 행동을 저질렀다. 원래 그런 사람으로 태어난 것처럼.

"인간이 착한 존재라면 이런 짓은 하지 않을 텐데. 부모님이나 선생님께 배우지 않았다고 해도 말이야."
"흠, 아주 굉장한 고민이네."

의자를 반쯤 기울인 심리가 발목을 까닥이며 말했다. 쓰레기통 앞에 쪼그리고 앉아있던 순자가 그런 심리를 올려다보았다. 심리는 무슨 이유에서인지 흥미진진하다는 표정을 하고 있었다.

"굉장하다고?"

순자의 되물음에 심리가 고개를 끄덕였다.

"그래. 그 질문은 지난 수 세기 동안 철학자나 예술가들이 계속해서 해오던 고민이니까."

김심리의 심리 상담소

성선설과 성악설이 뭐냐고?

인간의 본성이 선하다는 맹자의 주장은 성선설,
인간의 본성이 악하다는 순자의 주장은 성악설이라고 불러.
지금까지도 많은 토론이 이루어지는 주장들이지.

사람은 착한 존재일까요, 아니면 나쁜 존재일까요?

이 이야기를 처음 시작한 때는 바로 지금으로부터 2500년 전, 춘추 전국 시대부터였어요. 당시는 매일 같이 전쟁을 벌이고, 나라들끼리 다투던 시기였지요.

길고도 지루한 전쟁을 끝내고 싶었던 사람들은 여러 해결 방법들을 찾던 도중에 한 가지 문제에 부딪히게 되었어요.

한 번도 생각해본 적 없던 질문에 고민하던 사람들은 결국 두 편으로 갈라서게 되었어요. 인간은 원래 착한 존재라고 믿는 사람들과 그렇지 않다고 믿는 사람들로 말이에요.

이들은 치열한 토론을 하면서 팽팽히 맞섰어요. 결과는 과연 어떻게 되었을까요?

2500년이 지난 지금까지도 여전히 결론은 나지 않고 있어요. 그만큼 쉽게 결론을 내릴 수 없는 문제라는 얘기이지요.

많은 시간이 흐르면서 단순하게 두 편으로 나뉘어져있던 사람들은 다시 흩어지거나 모이면서 여러 갈래로 갈라지기 시작했어요.

성선설은 이쪽으로 오세요!

성악설은 여기입니다!

그 과정에서 새롭게 등장한 이론이 바로 '성무선악설'이에요.

사람은 한 가지 본성을 가지고 태어나지 않고,

주변 환경에 의해서 착하게도, 또 나쁘게도 행동할 수 있다는 뜻이랍니다.

"쓰레기통이 아니라 그 주변에 쓰레기를 버리고 간 친구들처럼 말이야."
"쓰레기가 인간의 본성이랑 무슨 관련이 있는데?"

순자가 고개를 갸웃거리며 말했다. 어디서 가져온 건지, 심리는 어느새 흰색 가운을 걸친 채 칠판 앞에 서 있었다. 순자는 칠판을 뚫어져라 바라보았다. 그 위에는 사진이 몇 장 놓여 있었다. 심리는 기다란 막대기로 깨끗한 쓰레기통 사진을 가리켰다.

"만약 쓰레기통 주변이 깨끗하다면 바닥에 쓰레기를 버리기는 어려웠을 거야. 내가 나쁜 행동을 저질렀다는 게 바로 티가 날 테니까."

말을 마친 심리가 이번에는 지저분한 쓰레기통 사진을 짚었다.

"하지만 누군가가 이미 어지럽혀 놨다면 달라지겠지? '나 하나쯤이야' 하는 생각이 들 테니까. 이미 쓰레기가 잔뜩 쌓여 있기 때문에 죄책감도 줄어들고, 나쁜 행동을 하기에도 더 쉬워지는 거지."

심리의 말에는 일리가 있었다. 순자는 몇 달 전 비슷한 경험을 했던 기억을 떠올렸다.

"생각해보니까 나도 그런 적이 있었어. 도서관에서 책을 읽고 나오려는데, 책장이 어지럽혀져 있더라고. 그래서 나도 제자리에 놓지 않고 그냥 쌓아뒀지. 일부러 도서관을 엉망으로 만들려던 건 아니었는데, 나도 모르게 그렇게 행동하게 됐어."
"그래, 그렇게 사소한 문제를 방치해두면 결국 큰 문제가 발생하기 마련이지."

심리는 들고 있던 막대기를 빙글빙글 돌렸다. 순간 손에서 미끄러진 막대기가 창문 밖으로 휙, 하고 날아가는가 싶더니 '쨍그랑!' 소리가 되돌아왔다. 심리와 순자는 커튼 뒤에 숨은 채 창밖을 살펴보았다. 체육 선생님이 '창밖으로 물건 던진 게 어떤 녀석이야!' 하며 씩씩대고 있었다. 이크, 하는 표정을 짓던 심리가 작은 목소리로 속닥거렸다.

"이런 현상을 보고 '깨진 유리창 법칙'이라고 불러."
"깨진 유리창?"

김심리의 심리 상담소

루시퍼 효과가 뭐냐고?

루시퍼는 성경에 나오는 사탄의 우두머리 이름이야. 루시퍼 효과는 <mark>선량한 사람도 주변 환경이나 특정 상황에 따라 악한 행동을 할 수 있음</mark>을 의미하는 심리학 용어이지.

미국의 심리학과 교수 필립 짐바르도가 만든 이론이에요.

인간 본성에 깊은 관심을 가지고 있던 짐바르도 교수는 한 가지 실험을 했어요.

"어디에 더 가까운지 알아봐야겠어"

한 대는 멀쩡하게, 또 다른 한 대는 유리창을 깬 상태에서 일주일 동안 방치하는 거였지요.

일주일 뒤에 살펴본 실험 결과는 정말 놀라웠어요.

멀쩡하게 뒀던 차는 처음과 똑같은 상태를 유지했지만 유리창을 깼던 차는 부속품이 사라지고, 여기저기 더 파손된 상태로 발견됐거든요.

이미 버려진 차라고 생각해서 범죄의 대상이 되고 만 셈이지요.

강도 당한 차인가? 아무렴 어때. 주워다가 고물상에 팔아야지~

이 '깨진 유리창 실험' 이후 환경이 인간의 행동에 영향을 미친다는 걸 알게 된 짐바르도 교수는 본격적인 연구를 시작했어요.

정말 놀랍구만 놀라워.

10년이 훌쩍 넘는 연구 끝에, 그는 이러한 현상들을 '루시퍼 효과'라고 정의내렸답니다. 왜 하필 루시퍼냐고요?

이 현상을 '루시퍼 효과'라고 정의내리고자 합니다

옛날 옛적, '루시퍼'라는 이름을 지닌 천사가 신에게 반기를 들었다가 결국 천국에서 추방된 일이 있었거든요. 가장 위대하고 아름다웠던 천사가 한순간의 실수로 악마가 되어버린 거예요. 그때부터 '루시퍼'는 타락의 상징이 되었어요.

따라서 '루시퍼 효과'는 아무리 선한 본성을 지닌 인간이라 할지라도 상황에 따라 언제든지 악해질 수 있음을 의미한답니다.

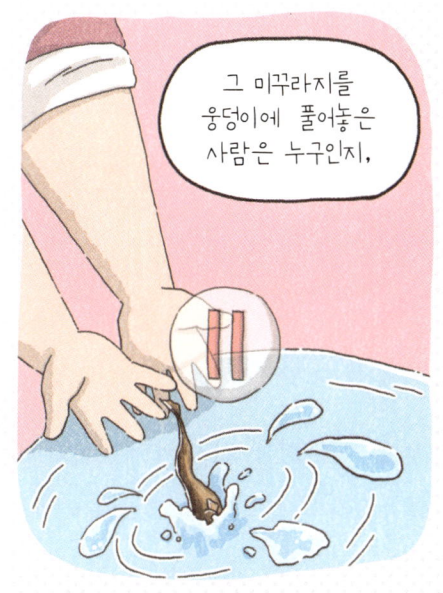

순자는 미술 시간에 보았던 장면을 떠올렸다. 이미 더러워진 물통에는 어떤 색을 섞어도 아름다운 빛깔을 내지 못했다. 블랙홀 속으로 빨려 들어간 별처럼, 구정물은 계속 구정물인 채로 남게 될 뿐이었다.

"쓰레기통이 주변이 엉망으로 변해버린 이유가 우리 반 아이들이 나빠서 그런 거라고 생각했는데……. 아닐 수도 있겠구나."

순자가 뒤를 돌아보았다. 쓰레기통 위쪽이 묘하게 허전했다. 저 자리에 '그것'만 있었더라면…….

"다들 쓰레기를 아무 데나 버려도 된다고 여겼던 것 같아. 왜냐하면 우리 반 쓰레기통 주변에는 아무런 경고문도 붙어있지 않거든."
"그래, 매너가 아니라 상황이 사람을 만들기도 한다고."

심리가 영화 속 주인공을 따라 하듯 진중한 목소리로 말했다. 상황이 사람을 만든다고? 순자는 그 말을 질긴 고기처럼 몇 번이고 곱씹었다. 이미 더러워진 교실은 '더 지저분해져도 상관없어.' 하고 속삭이는 것처럼 보였다. 그렇게 머릿속을 지배하고 있는 생각들이 나쁜 행동을 하도록 부추긴 셈이었다.

"만약 순자 네가 이 쓰레기통을 정리하지 않고 떡볶이를 먹으러 갔다면 어떻게 됐을까?"

심리의 물음에 순자는 잠시 머뭇거리다 입을 열었다.

"음……. 아마도 교실이 쓰레기장으로 변해버렸겠지? 쓰레기를 아무 데나 버려도 괜찮다고 생각했을 테니까 말이야."

순자는 머릿속으로 그림을 그려보았다. 가뜩이나 지저분했던 교실은 쓰레기장과 다름없게 변해 있었다. 코를 푼 휴지도, 텅 빈 과자 봉지도, 남아있는 음료수 팩도 쓰레기통이 아닌 교실 바닥으로 향했기 때문이다. 모두 악취 때문에 불쾌한 표정을 짓고 있었지만, 누구 하나 나서서 치우는 사람은 없었다. 이미 엉망이 된 교실에 쓰레기 하나쯤 더 쌓인다고 해서 문제가 될 건 없으니까.

"그렇다면 반대로 깨끗이 정리했을 때는 어떤 일이 벌어질까? 상상해 봤어?"

순자는 조금 전 그림을 머릿속에서 벅벅 지워버렸다. 그리고는 새 그림을 그리기 시작했다. 향기롭고 깨끗한 교실에서는 모두 즐거운 표정을 짓고 있었다. 그때 누군가가 쓰레기를 바닥에 휙, 버린다면…….

"다들 조심하게 될 것 같아. 함부로 쓰레기를 버렸다가는 누구인지 금방 티가 날 테니까."

김심리의 심리 상담소

환경이 범죄에 미치는 영향이 뭐냐고?

환경은 사람의 행동에 많은 영향을 끼치는데, 실제로도 <mark>여름보다는 겨울</mark>에, <mark>낮보다는 밤</mark>에, <mark>깨끗한 장소보다는 지저분한 장소</mark>에서 더 많은 범죄가 일어나.

실제로도 뉴욕에서 비슷한 일이 있었어요.

1990년대의 뉴욕은 범죄율이 아주 높았어요.

도둑이야~!!
사람 살려ㅜㅜ
어이! 끼어들지 마!

거의 매일 같이 크고 작은 범죄들이 발생하는 도시였지요. 뉴욕을 사람이 살기 좋은 도시로 만들기 위해 고민하던 사람들은 한 가지 방법을 고안해냈어요.

범죄율

야근을 안 하는 날이 없구만... 무슨 수를 써야지...

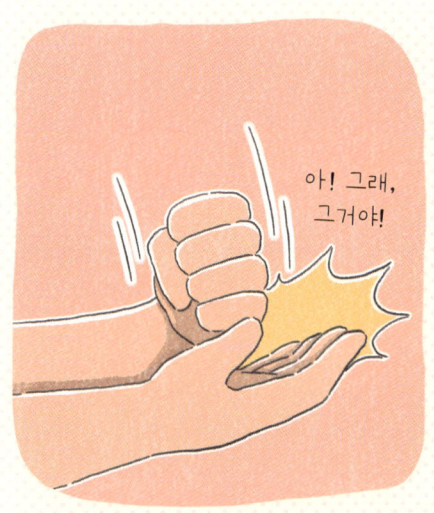

1 더하기 1은 2라고 배우지만, 루시퍼 효과에 따르면 계산이 달라져요.

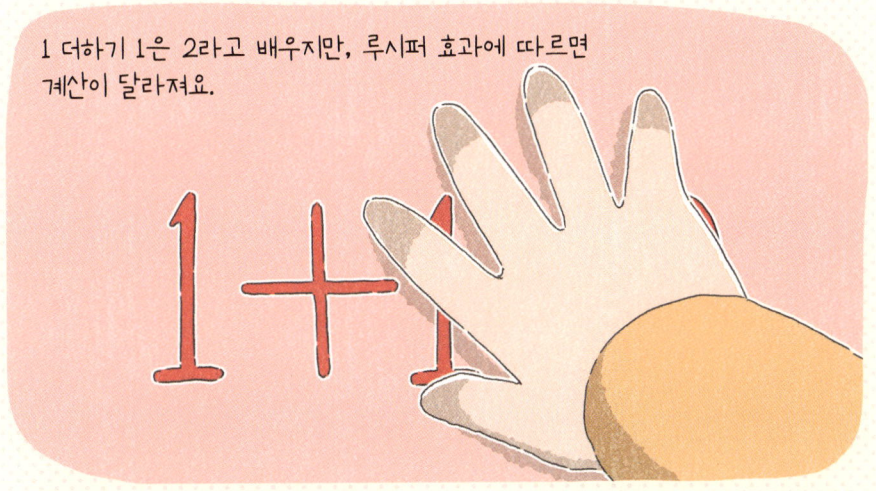

100에서 1을 빼면 99가 아니라 0이 되어버리는 거죠.

어디선가 발생한 사소한 실수 하나가 전체를 망가뜨린다는 의미에요.

첫 번째로 바닥에 쓰레기를 버린 사람처럼!

그래서 루시퍼 효과를 막기 위해서는 개인의 노력이 가장 중요해요. 내가 속해 있는 집단의 분위기에 휩쓸리기 보다는 스스로의 도덕과 양심을 믿고 행동하는 태도가 필요하답니다.

싫어, 나는 거슬러 올라가겠어!

우린 아래로, 아래로 갈 거라고!

"그렇구나. 나의 도덕과 양심이라……."

'교실이 지저분하다고 해서 나까지 지저분하게 만들 수는 없지!' 하는 생각과 '아니야, 다른 애들도 막 쓰는데 나라고 왜 못 해?' 하는 생각이 번갈아 머릿속을 흔들었다. 순자는 가슴께에 손을 얹어보았다. 그리고는 메트로놈처럼 똑, 딱, 똑, 딱 소리를 내는 마음의 소리를 듣기 시작했다. 양심에 가만히 귀를 기울이자 바람에 잡초가 몸을 뉘듯 한 쪽으로 결심이 기울어졌다.

"그래. 조금 귀찮지만 나까지 그냥 지나치면 우리 교실은 엉망이 되어 버릴 거야. 깨끗하게 치워두면 우리 반 친구들의 태도도 바뀌겠지!"

순자가 주먹을 불끈 쥐었다. 상황이 사람을 만든다면, 자신이 그 상황을 좋게 만들면 그만이었다. 작은 행동 하나가 친구들의 모습을 바꿀 수 있을 거라는 기대감이 솟구쳤다.

"내가 우리 반을 가장 깨끗한 반으로 바꾸어놓고 말겠어!"

그 모습을 흐뭇하게 바라보던 심리가 입을 쩍, 하고 벌렸다. 잠깐 깨는 듯했던 졸음이 다시금 몰려오고 있었다. 오늘 상담은 이쯤에서 마치고 이제 집에 가볼까? 가방을 챙기려던 심리 앞으로 순자가 불쑥 끼어들었다.

"심리 너도 도와줄 거지? 그렇지?"
"어? 나, 나도?"

심리는 순자에게 잡힌 제 손목을 내려다보았다. 순자의 작고 야무진 손이 '너도 당연히 도와야지!' 하고 말하는 것만 같았다. 결국 심리는 하는 수 없이 고개를 끄덕였다. 두 사람은 일사불란하게 움직이기 시작했다. 심리가 쓰레기를 분류해서 던져 넣으면, 순자가 꽉 찬 봉투를 분리수거장에 내다 버리는 식이었다. 바닥에 흩뿌려진 쓰레기를 정리하고, 남은 먼지마저 말끔히 쓸어내자 교실은 몰라보게 달라져 있었다. 눈에 띄게 깨끗해진 풍경에 순자와 심리는 뿌듯한 미소를 지어 보였다.

"휴, 그래도 생각보다 금방 끝났네. 둘이 해서 그런가?"
"그러게. 이러다 내일 아침까지 치우는 거 아닌가, 했는데."

심리가 찌뿌듯한 몸을 있는 힘껏 늘어뜨렸다. 쓰레기통에 들어갔다가 나오기라도 한 것처럼 온몸에서 시큼한 냄새가 풀풀 풍겼다. 이제 청소도 끝났겠다, 황급히 집으로 향하려는데 순자가 손을 내저었다.

"아, 잠깐만! 나 아직 할 일이 한 가지 남아있어."
"뭐?"

순자는 책상 서랍 속에서 종이 한 장을 꺼내 들었다. 그리고는 두꺼운 매직으로 무어라 적어 내려가기 시작했다. 심리는 그 모습을 뒤에서 묵묵히 바라보았다.

"또 이런 일이 생기지 않게 하려면 미리 예방을 해둬야지."

순자가 쓰레기통 앞에 종이를 꼼꼼하게 붙였다. 종이 위에는 '쓰레기는 쓰레기통에! 우리 교실을 아껴줍시다!' 하는 경고 문구가 적혀 있었다. 그 옆에는 무시무시한 해골 무늬도 두어 개 그려져 있었다.

'똑똑똑'

그로부터 몇 개월 뒤, 누군가가 '김심리의 심리 상담소' 문을 두드렸다. 낡은 창고 문이 열리며 고개를 내민 건 다름 아닌 순자였다.

"어, 순자야! 웬일이야? 뭐 상담할 거라도 있어?"

심리가 자리에서 벌떡 일어서며 물었다. 순자는 그저 웃기만 할 뿐, 아무런 말이 없었다. 순자는 천천히 심리의 앞으로 다가오더니 등 뒤에 감추고 있던 것을 앞으로 내밀어 보였다.

"이게 뭐야? ……어, 올해의 모범 어린이 상?"

올해의 모범 어린이 상은 100퍼센트 추천으로만 받을 수 있는 상이었다. 순자네 반 친구들이 순자 덕분에 교실이 향기롭고 깨끗해졌다며, 모두 순자를 '올해의 모험 어린이'로 추천한 것이다.

"심리 네 덕분에 내가 다음 학기 미화부장으로 뽑혔지 뭐야? 게다가 올해의 모범 어린이 상까지 받고!"
"내 덕분은, 무슨. 순자 네가 양심이 하는 말에 귀를 기울인 덕분에 생긴 일인데, 뭐."

순자는 웃으며 '모범 어린이 상'이라는 글자를 손끝으로 쓸어내렸다. 감회가 새롭다는 표정이었다. 상황이 사람을 만든다는 말이 정말인 것 같다고, 순자는 생각했다. '모범 어린이'라는 수식어가 붙었을 뿐인데, 정말로 '모범적인 어린이'가 되고 싶어졌으니까. 걷는 자세 하나까지도 신경이 쓰였다.

"착하게 행동한다는 건 정말 어렵지만, 하고 나면 몇 배로 뿌듯하고 행복하다는 사실을 깨달았어. 나는 말이야, 앞으로도 다른 사람들이 어떻게 행동하든 내 양심에 귀를 기울이면서 살래."
"와, 이제는 내가 한 수 배워야겠는데?"
"정말? 그러면 오늘도 청소 같이할래?"
"으악, 안 돼! 절대 싫어!"

농담이야, 농담! 얼굴이 하얗게 질린 심리를 뒤쫓는 순자의 등 뒤에는 조그마한 날개가 돋아나 있었다.

2장
친구를 사귀는 게 너무 어려워!

사랑이의 이야기

    파랑과 초록이 누가 더 예쁜지 경쟁이라도 하는 듯한 날이었다. 밝은 햇살 아래에 나무는 시시각각 우거졌고, 하얀 뭉게구름은 하늘에게 자리를 양보하듯 빠르게 밀려났다. 가만히만 있어도 웃음이 터져 나오는 그런 날. 아이들은 풍선처럼 동그란 언덕 위에 모여 있었다. '소풍'이라는 두 글자에 반해버리기라도 했는지 저마다 볼이 붉었다.

"포즈는 어떻게 할까?"
"이건 어때? 팔을 이렇게 뻗어서 하트를 만드는 거야."
"오, 좋다! 그럼 내가 여기 밑으로 갈게."

    아이들이 팔을 한곳으로 모아 하트를 만들기 시작했다. 먼 곳에 세워둔 휴대폰이 숫자를 거꾸로 세더니 찰칵! 소리를 냈다. 사진이 찍히자 아이들이 머리를 모으고 동그랗게 섰다. 서로 찍힌 얼굴들을 보며 깔깔대다가 다시금 줄 맞춰 서기를 반복했다.

먼 곳에 앉은 사랑이는 그 모습을 조용히 바라보았다. 자신도 같이 찍자고 말하고 싶었지만 차마 용기가 나지 않았다. '친한 친구들끼리만 찍는 건데? 너는 우리랑 별로 친하지도 않잖아!' 사랑이는 상상 속에서 몇 번이고 거절을 당했다. 실제로 벌어지지도 않은 일이었지만 저절로 손바닥에 땀이 맺혔다.

"……그래, 괜히 끼지 말고 가만히 있자."

그렇게 사랑이는 자리에 앉아서 삼삼오오 모여 있는 친구들의 모습을 바라보았다. 시간이 얼마나 지났을까, 담임선생님이 아이들을 불러 모았다.

"지금이 열두 시니까 친구들끼리 모여서 점심 맛있게 먹고, 한 시까지 저기 나무 그늘 밑으로 모이면 돼. 알았지?"

아이들이 입을 모아 '네~' 하고 대답했다. 사랑이만이 입을 굳게 다문 채였다. 아이들은 각자 눈여겨 봐두었던 곳으로 향했다. 비슷한 표정을 지은 아이들끼리 돗자리를 펴거나 테이블 위에 자리를 잡고 앉을 때, 사랑이는 홀로 주춤거리며 언덕을 서성였다. 볕이 들지 않아 눅눅해진 나무 벤치 위에 앉은 사랑이가 주위를 둘러보았다. 조금 전 사진을 찍던 아이들이 예쁜 돗자리 위에 모여 앉아 있는 것이 눈에 띄었다. 사랑이는 네 아이의 이름을 모두 알았다. 재이, 영우, 현주 그리고 동만이.

"너희들은 뭐 싸 왔어?"

재이가 호기심 가득한 표정으로 주위를 둘러보았다. 그러자 현주가 귀여운 도시락을 내어 보였다.

"이거 봐라, 나는 엄마가 싸준 곰돌이 도시락!"
"우와, 진짜 귀엽다!"
"그렇지? 엄마가 새벽 3시에 일어나서 싸주신 거야."

재이의 반응에 현주가 어깨를 으쓱였다. 작은 목소리로 감탄하던 영우도 자신의 도시락을 쓰윽 내밀었다.

"나는 치킨 가져왔는데. 알지? 우리 아빠가 치킨집 하시는 거."

현주가 세차게 고개를 끄덕였다. 영우네 치킨 진짜 맛있는데. 나 하나만 먹어도 돼? 간절한 눈빛을 보내자 영우는 흔쾌히 고개를 끄덕였다. 현주는 젓가락으로 치킨 한 조각을 집어 들었다. 입에 넣자 바삭! 하고 부서지며 달콤하고 매콤한 양념이 사르르 퍼져나갔다. 영우네 치킨이 인기를 끌자 동만이가 눈썹을 꿀렁였다.

"소풍 오는데 겨우 그 정도 가져온 거야?"
"동만이 너는 뭘 가져왔는데 그래?"

동만이는 가방을 뒤적이더니 탑처럼 쌓인 도시락통을 내려놓았다.

"나는 무려 메가톤급 3단 도시락! 유부초밥, 탕수육, 스파게티, 떡볶이, 과일까지 전부 다 들어있다고!"

"우와……. 진짜 엄청나다! 이렇게 큰 도시락은 처음 봐!"

"최고지? 아, 멋진 도시락 대회 같은 거 있었으면 내가 1등 하는 건데!"

"멋진 도시락 대회? 그거 재미있겠다!"

"그러게, 내년에는 만들자고 해볼까?"

멋진 도시락 대회? 대화를 엿듣던 사랑이가 무릎 위에 놓인 검정 봉투를 내려다보았다. 그 안에는 아침에 급히 사 온 김밥 한 줄이 들어있었다. 분식집 아주머니의 손길이 닿은 2천 원짜리 김밥이 하나도 멋지지 않아서, 사랑이는 속이 상했다. 분홍색, 파란색, 초록색으로 화려하게 빛나는 아이들의 도시락통과 달리 김밥을 감싼 포장지는 탁한 은색 빛을 자랑할 뿐이었다. 사랑이는 주머니를 뒤적여 연노란색 종이 한 장을 끄집어냈다. 시간에 쫓긴 것인지 아무렇게나 휘갈겨 쓴 글씨에서 다급함이 묻어나왔다.

> 엄마가 바빠서
> 도시락을 못 쌌어. 미안해.
> 돈 두고 갈 테니까 집 앞
> 분식집에서 사가지고 가.
> 소풍 잘 다녀와, 우리 딸.
> 사랑해.

사랑이는 쪽지를 검정 봉투 속으로 던져 넣었다. 그리고는 참기름 냄새를 풀풀 풍기는 김밥을 옆으로 저만치 밀어냈다. 아이들은 음식을 입에 한가득 욱여넣은 채 무지갯빛 탄산음료를 마시고 있었다. 사랑이는 아침에 선생님이 나누어준 공짜 생수를 벌컥벌컥 들이켰다. 하나도 시원하지 않았다.

사랑이네 엄마는 늘 바빴다. 아빠와 이혼을 한 이후에는 더욱 그랬다. 밤 10시가 넘은 시간에나 겨우 마주할 수 있었던 엄마 얼굴은 이제 주말에도 보는 일이 드물었다. 엄마는 늘 '사랑이도 이제 다 컸네.' 하며 칭찬했지만, 사랑이는 그 말이 싫었다. 꾸중을 듣더라도 엄마 얼굴을 잠깐이나마 더 보는 게 소원이었다.

"……나도 엄마가 싸준 김밥 먹고 싶었는데."

물을 아무리 마셔도 목이 탔다. 배는 고팠지만 입맛이 없었다. 차라리 비가 와서 집으로 돌아갔으면 좋겠다. 그런 사랑이의 기도를 들어줄 생각이 없는지 태양이 맹렬하게 이글거리고 있던 때였다. 어디선가 노랫소리가 들려왔다.

"김밥! 요 김밥! 돌돌 말아 김밥!"

고개를 돌려보니 흥에 잔뜩 취한 심리가 보였다. 노래도, 랩도 아닌 이상한 멜로디를 흥얼거리며 온몸을 흔들고 있었다. 이어폰을 낀 채 눈을 꼭 감고 있던 심리는 급기야 벤치 위로 올라섰다.

"새까만 김! 새하얀 밥! 종류도 많고~ 정말 맛있어! 김밥이 너무 좋아, 너……. 오잉?"

열심히 팔다리를 움직이던 심리가 눈을 번쩍 떴다. 눈이 마주친 사랑이는 어깨를 흠칫 떨었다. 몰래 훔쳐본 것도 아닌데 왠지 미안한 마음이 들었다. 사랑이는 저도 모르게 머리를 꾸벅 숙였다.

"……어! 어, 미안. 일부러 쳐다본 게 아니라, 옆에 앉아있었는데 노랫소리가 들려서……."
"헤헤. 나야말로 미안. 김밥 먹을 생각에 너무 신이 나서 아무 데서나 춤을 춰버렸네."

머리를 긁적이며 대답한 심리는 사랑이가 앉아있는 벤치로 엉덩이를 들이밀었다. 그리고선 둘 사이에 놓인 검은색 비닐봉지를 빤히 들여다보더니 환하게 웃었다.

"어, 근데 너도 김밥 싸 왔어? 나도!"

심리가 도시락통을 열어 보였다. 그 안에는 김밥이 보기 좋게 놓여 있었다. 집에서 쌌는지 아니면 어느 분식집에서 사 온 것을 보기 좋게 담은 것인지는 알 수 없었다. 심리는 나무젓가락을 반으로 가르더니 김밥 하나를 집어 입 안으로 쏙 집어넣었다. 오독오독 씹히는 소리 사이로 '음~' 하는 추임새가 섞였다.

"역시 소풍에는 김밥이 최고지. 영양가도 풍부하고, 맛도 있고!"

심리가 먼 풍경이 반찬이라도 되는 것처럼 바라보았다. 그 모습을 지켜보던 사랑이는 고개를 내저었다.

"나는 맛없던데, 김밥."
"뭐? 김밥이 맛이 없어? 세상에서 제일 완벽한 음식인데, 도대체 왜?!"

심리의 입에서 밥알이 툭툭 튀어나왔다. '으' 하며 치를 떨던 사랑이가 제 팔에 붙은 당근 한 조각을 손가락으로 팅겨냈다.

"김밥이 별로라기보다는……. 혼자 먹는 게 싫어서 그래."
"친구들한테 같이 먹자고 해보지 그래?"
"껴달라고 하기 좀 민망해. 애들은 다 대단한 도시락 싸 왔는데 나만 겨우 김밥이잖아. 창피하기도 하고."

사랑이가 고개를 푹 숙였다. 그리고는 기어들어 가는 목소리로 중얼거렸다.

"애들이 내 도시락 보고 놀리면 어떻게 해……."

사랑이가 꼭 바람 빠진 풍선 같다고, 심리는 생각했다. 금방이라도 납작하게 변해 바닥에 달라붙을 것만 같은 모습이었다. 그 모습을 물끄러미 보고 있던 심리가 입을 열었다.

"흐음……. 사랑이 네 말을 들으니까 딱! 생각나는 이야기가 있는데."
"……이야기? 뭔데?"

사랑이가 관심을 보이자 심리는 일부러 장난스러운 목소리를 냈다.

"나랑 약속 하나만 하면 들려주지."
"약속이 뭔데?"
"이야기를 다 듣고 난 뒤에 내 부탁을 한 가지 들어주는 거야. 어때?"

이상한 부탁이면 어쩌지? 이야기가 궁금하긴 한데……. 잠시 망설이는 사랑이의 속마음을 알아차렸는지 심리가 금세 끼어들었다.

"에이, 듣기 싫으면 말고!"
"아, 아니야! 듣고 싶어!"

사랑이는 심리의 팔을 꼭 부여잡았다. 마음속으로 씨익, 미소를 지은 심리가 애써 아무렇지 않은 표정으로 말했다.

"그럼 부탁 들어주는 거지? 나중에 무르기 없기다~"

사랑이가 연신 고개를 끄덕이자 심리는 목을 가다듬었다. 그러니까 이건 말이지. 어느 깊은 숲속에서 있었던 일이야. 사랑이는 순식간에 이야기 속으로 빨려 들어갔다.

김심리의 심리 상담소

고슴도치 딜레마가 뭐냐고?

친밀한 관계를 원하지만 상처를 받게 될 것이 두려워 거리를 두는 모순적 심리 상태를 말해.
친구들과 어울리고 싶어하는 사랑이가 그러지 못한 이유를 설명하지.

깊고, 깊고, 깊은 숲속에 아주 추운 겨울이 찾아오고야 말았어요.
날이 어두워지자 바람은 얼음장처럼 차가워졌지요.

덩치가 큰 곰부터 조그만 토끼까지 숲속에 있는 모든 동물들이 추위에 떨고 있었어요.

태어난 지 오래되지 않은 아기 고슴도치도 마찬가지였어요.

히잉... 추워...

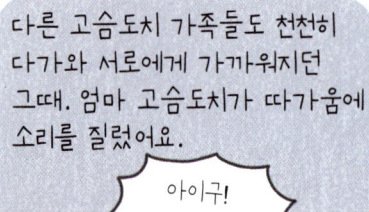

그렇게 고슴도치 가족은 아침이 밝아올 때까지 추위를 피해 가까워졌다가 가시에 찔려 떨어지기를 반복할 수밖에 없었어요. 떨어져 있으면 너무 춥고, 가까이 있으면 너무 아팠거든요.

앗 따가워!
아야야!
으, 추워...
너무 추워서 기절할 것 같아ㅜㅜ
으 따가워라!

사람 사이의 관계도 바로 이 고슴도치 가족과 비슷해요. 우리 눈에는 미처 보이지 않지만,

사람은 고슴도치 같아요.

사람들에게도 뾰족한 가시들이 돋아나 있거든요. 너무 멀면 외롭고, 가까우면 상처를 받는 일이 생기지요.

사람은 고슴도치 같아요.

이런 상황을 심리학에서는 '고슴도치 딜레마'라고 해요. 고슴도치처럼 이러지도 못하고, 저러지도 못하는 궁지에 몰린 상황을 표현한 용어랍니다.

심심하긴 한데... 나가서 노는 건 좀 피곤하고...
어떻게 하지?
뭐해?
주말인데 같이 놀래?

"……그렇구나, 내가 그 고슴도치 딜레마에 빠져버린 거네?"

사랑이도 친구들과 놀고 싶은 마음이 간절했다. 집에서도, 학교에서도 혼자인 건 이제 이골이 났다. 하지만 문제는 누군가가 다가온다고 해도, 어떻게 대해야 할지 모른다는 점이었다. 간혹 같은 반 친구가 말을 걸기라도 하면 사랑이는 얼음! 하고 얼어버렸다. 가뜩이나 어색한 대화가 뚝뚝 끊기기까지 하자 친구들은 재미가 없다는 듯 가버렸다.

"같이 있으면 불편하고, 혼자 있기에는 심심하고. 어떻게 하면 좋지?"

사랑이는 기둥에 비친 자기 모습을 바라보았다. 등 뒤에 뾰족뾰족한 가시가 돋아난 것도 같았다. 가시들은 사랑이의 기분을 대변하기라도 하듯 전부 바닥으로 축 처진 채였다. 문득 질문이 떠오른 사랑이가 심리 곁으로 바짝 다가갔다. 심리는 가시에 찔리기라도 한 것처럼 화들짝 놀랐다.

"심리야! 그럼 그, 동화의 결말은 어떻게 됐어? 고슴도치 가족 말이야. 혹시 얼어 죽거나…… 그런 건 아니겠지?"

사랑이는 이야기의 결말이 궁금해졌다. 고슴도치 가족이 행복하게 살았다면, 자신 역시도 친구들과 잘 지내게 될 수 있을지도 모르겠다는 생각이 들었기 때문이다. 사랑이를 바라보던 심리가 조금 거리를 두고 떨어져 앉았다.

"그게 말이지. 밤새 추웠다가, 아팠다가를 반복하다가 그만······!"
"······그만?"

사랑이는 침을 꿀꺽 삼켰다.

"어느 순간 적당한 거리를 찾았지. 너무 춥지도, 그렇다고 가시에 찔리지도 않는 거리를 말이야."

심리가 웃자 사랑이는 안도의 한숨을 내쉬었다. 등에 뾰족뾰족 솟아 있던 가시도 늦가을의 벼 이삭처럼 고개를 숙였다. 사랑이는 자기 손바닥을 펼쳐서 마주 댔다가 어깨너비로 벌려보았다. 어느 정도가 적당한 거리인 걸까?

"나도 그 적당한 거리를 찾을 수 있다면 좋을 텐데. 도무지 용기가 안 나. 다가갔다가 상처받을 것 같아서 무섭기도 하고······. 분명 내 성격이 이상해서 그런 거겠지?"

사랑이의 말에 심리가 고개를 세차게 저었다. 어느덧 깨끗하게 비워 낸 도시락통 안에는 옆구리가 터진 김밥 하나가 놓여 있었다. 김 사이가 잘 달라붙지 못해서 내용물이 이리저리 삐져나온 채였다.

"전혀 그렇지 않아. 마음이 덜 끈적거려서 그런 것뿐이니까."
"무슨 소리야? 마음이 끈적이다니?"

김심리의 심리 상담소

애착이 뭐냐고?

부모를 포함한 양육자, 연인, 친구 등 <mark>나를 제외한 다른 사람과의 친밀한 정서적 유대를 형성</mark>하는 것을 말해.

사람의 마음을 자세히 들여다보면 끈적한 액체가 둘러싸고 있는데, 우정이나 사랑, 흥미 같은 감정들이 잘 달라붙을 수 있도록 도와주는 역할을 해요.

이 끈끈이의 점성이 높으면 높을수록 다른 사람들과 쉽게 가까워지고, 금세 친해지지요.

두꺼운 끈끈이 벽 덕분에 달라붙기도 쉽고, 상처도 잘 받지 않거든요.

"뭐라고? 그럼 난 큰일 난 거잖아?!"

심리의 설명을 듣던 사랑이가 소스라치게 놀랐다. 자신의 마음은 지나치게 보송보송했다. 내 마음에도 억지로 액체 괴물 같은 걸 붙일 수 있다면 좋을 텐데. 울적해진 사랑이가 가시 속으로 몸을 숨겼다. 그 모습이 꼭 이르게 떨어진 밤송이 같았다.

"앞으로도 평생 이렇게 살아야 한다니……."

난 이미 틀렸어. 틀렸다고! 혼잣말을 중얼거리는 사랑이 곁으로 심리가 다가갔다.

"벌써 그렇게 단정 지을 건 없어. 조금만 노력하면 금세 끈적끈적거리게 만들 수 있거든. 실제로 성공한 사람들도 있는걸?"

사랑이가 밤송이 사이로 얼굴을 삐죽 내밀었다.

"뭐? 그게 누군데?"
"대표적으로는……."

심리가 주머니를 뒤적이더니 자신의 휴대전화를 꺼내 보였다.

바로 이 스마트폰을 만든 스티브 잡스!

김심리의 심리 상담소

과거의 나와 화해하기가 뭐냐고?

인간관계에서 실패했던 상처와 마주하고, 이를 극복해야만 불안정 애착으로부터 벗어날 수 있어. 모두 자신의 상처를 마주해 보는 건 어때?

애플의 창립자인 스티브 잡스는 큰 성공을 이뤄냈음에도 불구하고 여전히 공허함을 느끼고 있었어요.

하... 쓸쓸해...

어린 시절 친부모님에게 버림을 받은 이후로 누군가와 가까이 지내는 게 힘들었거든요.

...친해져봤자 또 나를 버리겠지, 친부모처럼.

친한 친구도 없었고, 행복한 가정을 꾸리는 데에도 실패했지요. 늘 외로움에 시달리던 스티브 잡스는, 어느 날 한 가지 결심을 세웠어요.

그래, 이러고만 있을 게 아니라...!

저장된 연락처 0개

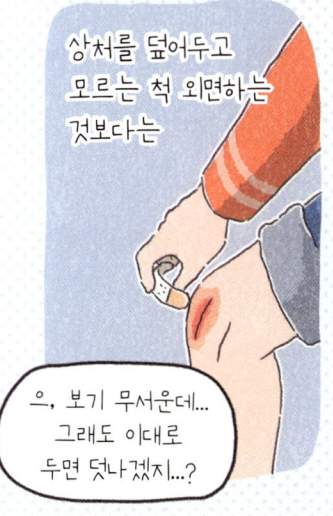

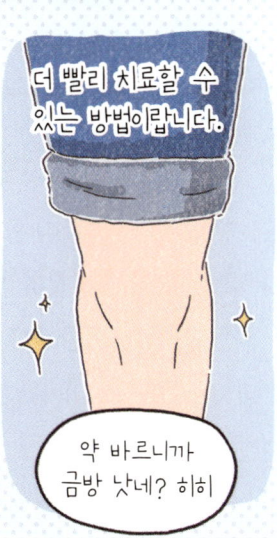

"그러니까 사랑이 너도 잘 생각해 봐. 왜 친구들을 사귀는 게 겁이 나는지 말이야."

사랑이는 곰곰이 생각에 잠겼다. 길다면 길고, 짧다면 짧을 자신의 인생을 돌아보기 시작했다. 내 마음은 왜 끈적이지 않는 걸까? 왜 애착이 제대로 형성되지 못한 걸까? 사랑이의 머릿속에 외롭고 쓸쓸했던 순간들이 차례로 스쳐 지나갔다. 그런 감정을 느꼈을 때마다 부족했던 건…….

"내가 7살 때 우리 부모님이 이혼을 하셨거든. 그 뒤로 엄마가 나를 혼자 키워주셨는데 일이 너무 바쁘셔서 나한테 신경을 써주지 못하셨어. 체육대회 때도, 소풍 때도, 심지어는 시험에서 100점을 맞았을 때도 말이야."

사랑이는 어느 저녁을 떠올렸다. 100점짜리 시험지를 손에 든 사랑이는 한참이나 엄마 방 앞을 서성였다. 자랑하고 싶은데, 엄마에게 잘했다고 칭찬받고 싶은데. 그런 마음이 굴뚝같았다. 하지만 방문을 살짝 열어본 사랑이는 마음을 접어야 했다. 일을 마치고 돌아와 쓰러지듯 잠이 든 엄마의 얼굴이 지나치게 피로해 보였다.

"나한테 무관심한 부모님을 보면서 그런 생각을 했던 것 같아."

홀로 방으로 돌아간 사랑이는 100점짜리 시험지를 곱게 접었다. 그리고는 자신의 보물 상자에 넣어두었다. 그 안에는 사랑받고 싶었지만 끝내 접어두어야만 했던 마음들이 잔뜩 들어있었다.

"이 세상에 나를 사랑하는 사람은 없구나."

사랑이는 그런 밤마다 몰래 숨죽여 울었다. 그 생각을 하니 지금도 코끝이 찡해지는 것만 같았다. 다른 친구들도 나를 그렇게 대하면 어쩌지? 친구들이 조금이라도 냉랭한 표정을 지어 보이면 사랑이는 자신감이 바닥으로 뚝 떨어지는 기분을 느끼곤 했다. 자신을 싫어하는 게 아닐지도 몰랐지만, 지레 겁을 먹었다.

"그런데 지금 생각해보니까, 그동안 내가 착각하고 있었던 것 같아."

사랑이는 김밥 봉투 안을 뒤적였다. 그 속에서 끄트머리가 구겨진 엄마의 쪽지를 꺼내, 손바닥으로 꾹꾹 눌러 폈다.

"우리 엄마는 바쁘실 뿐이지, 나를 아주 많이 사랑하고 있었는데."

머릿속에 가득 차 있던 부정적인 생각들을 걷어내니, 그제야 사랑이 보였다. 엄마가 적어둔 쪽지, 문자 메시지 속 하트, 조금 식었지만 좋아하는 것만 골라 해둔 반찬, 점심시간에 걸려 오는 영상 통화. 자신을 향한 엄마의 사랑을 증명할 수 있는 증거들은 차고 넘쳤다. 다른 사람들과 비교하느라 제대로 봐주지 못했을 뿐.

"그래, 맞아. 부모님은 언제나 우리를 사랑하시지."

심리가 고개를 끄덕였다.

"그럼 이야기를 다 들었으니까, 이제 내 부탁을 들어줘야겠지?"
"아, 맞다. 나한테 부탁할 게 뭔데?"
"저기에 있는 친구들한테 가서 용기 있게 말을 걸어보는 거야."

사랑이는 자리에서 펄쩍 뛰었다. 부탁이라고 해봐야 김밥을 나눠 달라거나 숙제를 보여 달라고 할 줄 알았는데. 친구들에게 가서 말을 건네 보라니. 사랑이는 손까지 흔들며 진저리를 쳤다.

"뭐? 아, 안 돼! 나 절대 못 해!"

"겁이 나면 안 해도 괜찮아. 강요가 아니라 부탁이니까. 하지만 계속 피하기만 할 수는 없잖아? 용기 있는 자만이 원하는 걸 쟁취하는 법이라고! 만약 실패하더라도 걱정 마. 내가 도시락 같이 먹어줄게."

물론 내 건 이미 다 먹어버렸지만……. 심리의 장난스러우면서도 따뜻한 말이 왠지 모르게 용기가 되었다. 심리의 침착한 표정을 바라보며 사랑이도 호흡을 가다듬었다. 그리고는 자리에서 벌떡 일어섰다. 그래, 김사랑. 평생 숨어있을 수만은 없잖아. 두 눈 딱 감고 해보는 거야. 사랑이는 눈에 띄게 삐걱거리며 친구들을 향해 걸어갔다.

"뭐라고 하지? 아, 안녕, 얘들아. 이건 너무 어색한데……. 도, 도시락 같이 먹을래? 아, 이건 너무 바보 같고……."

혼잣말을 하며 다가오는 사랑이를 발견한 건 재이였다. 사랑이가 입을 열기도 전에 재이가 먼저 사랑이를 불렀다. '사랑아!' 하는 목소리가 너무 밝아서 사랑이는 눈이 부셨다.

"……어, 내 이름 알고 있었어?"

사랑이의 말에 영우가 닭 뼈를 퉤, 뱉으며 대답했다.

"당연하지! 우리 반이잖아."
"우와, 그렇구나. 아무도 나를 모르는 줄 알았는데……."

스스로를 투명 인간이라고 생각했는데, 다른 친구들 눈에도 내가 보였구나. 미묘한 기쁨에 휩싸인 사이, 정신없이 도시락을 까먹던 동만이가 '근데 무슨 일이야?' 하고 물었다. 김밥을 쥔 사랑이의 손에 힘이 들어갔다.

"어? 어, 그게…… 내가 김밥을 가져왔거든. 가, 같이 나눠 먹으면 좋을 것 같아서……."

여덟 개의 눈동자가 오롯이 사랑이를 향했다. 사랑이는 자신도 모르게 바닥으로 시선을 떨어뜨렸다. 싫다고 하면 어떻게 하지? 괜한 걱정들로 다시금 머리가 소란스러워졌다. 그런 사랑이의 정신을 번쩍 들게 만드는 건 현주의 박수 소리였다.

"좋다, 좋다! 그러고 보니까 우리 중에 김밥을 싸 온 사람이 아무도 없네? 소풍에는 김밥이 최고인데!"

현주의 말에 아이들이 고개를 끄덕였다. 멋진 도시락을 싸느라 김밥은 뒷전이 되었다며 머쓱해하는 목소리도 들려왔다. 가만히 서 있는 사랑이의 손을 잡아끈 건 영우였다. 현주도 짐들을 한쪽으로 치우고 사랑이에게 자리를 내주었다.

"여기 앉아, 사랑아."
"……그래도 돼?"
"그럼, 얼른 앉아. 이거 먹어볼래? 동만이가 싸 온 건데 진짜 맛있어."
"아니야, 우리 엄마가 싸주신 게 더 맛있다니까? 이거 먼저 먹어 봐, 얼른."

아이들은 정신없이 사랑이에게 음식을 퍼주었다. 사랑이는 얼떨떨하지만 기분 좋은 미소를 지으며 바쁘게 젓가락을 움직였다. 사랑이는 마음이 끈끈해지는 걸 느꼈다. 친구들의 따뜻한 눈빛, 기분 좋은 말 한마디가 마음에 착! 달라붙었다. 사랑은 밥을 나누어 먹는 것처럼 주고받는 거구나. 사랑이의 두 볼이 태양 빛에 익은 사과처럼 붉게 달아올랐다.

3장
현실도 게임처럼 다시 시작하고 싶어!

노리의 이야기

"레이스, 스타트!"

깃발이 펄럭임과 동시에 출발선에 서 있던 자동차들이 일제히 출발했다. 무서운 기세로 달려 나가는 자동차들 사이로 노리의 빨간색 차가 고개를 들이밀었다. 가속도를 이기지 못하고 코너에서 밀려나는 차들과 달리 노리의 빨간색 차는 힘 있게 앞으로 나아갔다. 그렇게 코너를 두 개쯤 지나자 노리의 차가 선두로 나왔다.

"좋았어, 이대로만 가면 1등이다!"

오랜만에 좋은 예감이 들었다. 어쩌면 이번에야말로 우승 트로피를 거머쥘 수도 있겠다는 생각으로 신나게 액셀을 밟아대던 그때였다. 옆에서 차 한 대가 끼어들더니 무언가가 휙! 하고 날아들었다. 순식간에 자욱한 연기가 일며 시야가 뿌옇게 변했다.

"어?! 으악! 앞이 안 보이잖아!"

순식간에 균형을 잃은 노리의 차가 빙글빙글 돌기 시작했다. 굉음과 함께 제자리에 멈춰선 노리가 정신없이 기침을 하는 사이, 기회를 노리던 차들이 저만치 달아났다. 뜨거운 아스팔트 위로 미끄러지던 바퀴의 소음도 순식간에 사라졌다. 노리와 빨간색 차, 단둘만이 남은 경기장은 소름 끼치도록 고요했다.

"콜록콜록, 으……."

겨우 정신을 차린 노리가 액셀을 밟으려다가 멈추었다. 지금 다시 출발해봤자 결승선도 겨우 통과하겠지? 거기까지 생각이 미치자 뱃속에서 화가 부글부글 들끓었다. 1등을 코앞에 두고 이런 유치한 장난에 당하다니! 노리는 헬멧을 벗어서 바닥으로 집어 던졌다. 그리고는 차 안에 있던 '종료' 버튼을 손가락으로 꾹 눌렀다.

"나 안 해! 안 한다고!"

노리의 분노 섞인 고함과 함께 휴대폰 위로 안내창이 떠 올랐다.

재준이와 성태가 동시에 고개를 번쩍 들었다. 불쑥 화를 낸 건 다혈질인 재준이였다.

"야, 이노리! 말도 없이 나가면 어떻게 해, 이거 팀전인데!"
"네가 나간 거야? 오류가 난 게 아니고?"

재준이의 말에 성태가 황당하다는 듯 말을 보탰다. 이미 휴대폰을 멀찍이 던져버린 노리는 두 사람을 쳐다보지도 않고 대답했다.

"짜증 나서 그냥 꺼버렸다, 왜. 어차피 1등도 못 할 거, 뭐 하러 하냐?"
"그래도 끝까지 달렸어야지. 너 때문에 우리도 점수 못 받게 됐잖아!"

재준이가 따지고 들자 노리가 눈을 흘겼다. 어차피 재준이는 제일 끝에서 달리고 있었다. 팀 경기였으니, 노리가 1등을 했다면 가장 큰 수혜를 입는 건 재준이였을 것이다. 자신 덕분에 공짜로 점수를 얻을 뻔했으면서 도리어 화를 내다니. 노리가 얼굴이 벌겋게 달아오를 정도로 소리를 내질렀다.

"그럼 너나 끝까지 하든가! 나는 지는 거 싫다고! 질 바엔 안 해!"

재준이와 노리는 머리를 맞붙이고 씩씩거렸다. 그 사이에 낀 성태는 안절부절못하고 발만 동동 굴렀다. 괜히 팀전을 하자고 그랬나……. 성태는 시간을 돌려서라도 5분 전의 자신을 말리고 싶어졌다.

금방이라도 서로에게 주먹을 날릴 것만 같은 두 사람을 지켜보던 성태는 마음이 급해졌다. 교무실에 뛰어가야 되나? 그랬다가 점심시간에 휴대폰 게임한 거 들키면 큰일인데. 어떡하지?

"아유, 배가 좀 차니까 살 것 같네. 돈가스는 먹어도, 먹어도 맛있다니까?"

발을 동동 구르던 성태의 눈에 누군가가 들어왔다. 배불리 점심을 먹고 심리 상담소로 향하던 심리였다. 기분 좋게 콧노래를 부르는 심리를 향해 성태가 다급히 손을 흔들었다.

"심리야, 이리로 와서 얘네 좀 말려봐!"

이 사이에 낀 돈가스를 쩝쩝대던 심리가 고개를 돌렸다. 성태가 난처한 표정으로 두 사람을 가리키고 있었다. 그 앞에는 성난 코뿔소 같은 재준이와 노리가 서 있었다. 이 김심리 님이 나설 차례가 왔구나! 심리는 부른 배를 통통 두드리며 다가갔다.

"야, 야. 점심 잘 먹고 왜 싸워, 배 꺼지게. 벌써 힘 빼면 집에 가기 전에 배고프다, 너희들?"
"얘가 먼저 팀전 하는데 내뺐다고!"
"어쩌라고! 내가 나가고 싶으면 나가는 거지!"

서로 멱살까지 잡아가며 화를 내는 모습에 심리는 어리둥절해졌다.

팀전? 나가? 이게 도대체 무슨 소리람. 주위를 둘러보던 심리의 머리 위에 전구가 반짝! 켜졌다. 테이블에는 휴대폰 세 대가 나란히 놓여 있었다.

"아, 너희들 휴대폰 게임 중이었구나?"

가만있어 보자, 팀으로 게임을 하다가 노리가 말도 없이 나가버렸다는 건……. 무언가 짚이는 구석이 있었지만, 쉽사리 단정 짓기에는 일렀다. 세 사람을 앉혀놓고 조금 더 얘기를 들어볼 필요가 있었다.

"얘들아, 다리도 아픈데 여기 서서 이러지 말고 우리 상담소로 가서 얘기하는 건 어때?"

심리가 살갑게 말을 걸었다. 하지만 노리와 재준이는 팔짱을 끼더니 흥! 하고 등을 돌렸다.

두 사람은 돈가스로 얻은 힘을 모조리 소리를 지르는 데에 썼다. 악을 써대는 통에 머리가 지끈지끈 아파오던 심리가 결국 양손을 허리에 얹었다. 그리고는 두 사람을 번갈아 노려보았다.

"당장 상담소로 들어가지 않으면, 점심시간에 휴대폰 게임한 거 선생님께 다 이른다?!"

결국 심리의 협박 아닌 협박에 못 이긴 세 사람은 상담소로 들어섰다. 심리는 세 사람 앞으로 찻잔을 하나씩 놓아주었다. 그리고는 마음을 진정시켜 주는 차라며 얼른 마셔보라고 권유했다.

머뭇대던 세 사람은 차를 한 모금씩 넘겼다. 쌉쌀했지만 따끈한 느낌이 퍽 나쁘지 않았다.

"내가 몇 가지 물어보고 싶은 게 있는데."

말을 꺼낸 심리가 자신의 주머니를 가리켰다. 주머니는 휴대폰 세 대의 무게를 이기지 못하고 볼품없이 늘어져 있었다.

"질문에 대답을 잘하면 돌려줄게. 너네끼리 게임한 거, 선생님께 이르지도 않을 거고."

"진짜지? 나 뭐든 대답할 준비 됐어!"

성태가 눈을 반짝이며 목을 쭉 빼고 앉았다. 심리는 대답이 없는 두 사람을 향해 다시금 물었다.

"너희 둘은 휴대폰 필요 없어?"

"……할게."

"아, 하면 되잖아. 빨리 질문이나 해."

툭툭거리는 노리를 향해 심리는 휴대폰을 흔들어 보였다. 노리가 깨갱거리는 표정을 짓자 심리가 크흠, 하고는 목을 가다듬었다.

"좋았어, 그럼 첫 번째 질문! 하루에 휴대폰 게임은 몇 시간이나 해?"

심리의 질문에 세 사람은 손가락을 굽혀보았다. 성태는 30분, 재준이는 3시간, 노리는 최소 5시간이라고 대답했다. 심리가 심각한 표정으로 두 번째 질문을 던졌다. 게임 때문에 공부나 해야 할 일들을 못 한 적이 있냐고 묻자 성태는 고개를 저었다. 자신은 무조건 숙제를 다 해놓고 게임을 한다며 뿌듯하게 웃어 보였다. 재준이도 가끔 잊어버릴 때가 있긴 하지만 늦게라도 할 일은 다 마친다고 대답했다. 반면 노리는 표정이 어두웠다. 머쓱한지 뒷머리를 긁적이며 준비물도, 숙제도 자주 잊는다고 했다. 심리는 더욱 딱딱하게 얼굴을 굳힌 채 마지막 질문을 던졌다.

"학교에 와서 친구들이랑 노는 것보다 게임이 더 재미있어?"

성태는 이번에도 진저리를 쳤다.

"아니. 게임도 친구들이랑 같이하니까 재미있는 거지, 혼자는 별로야."
"맞아. 게임은 오래 하면 눈이 아프거든. 애들이랑 축구나 농구 경기를 하는 게 더 재미있어. 깔깔대면서 웃을 일도 많이 생기고."

함께 운동장에서 놀았던 추억이 생각났는지 성태와 재준이는 재잘대기 시작했다. 한편 노리는 한참이나 말이 없었다. 무언가를 생각하는 듯싶더니 덤덤히 입을 열었다.

"……나는 아니야. 게임이 훨씬 좋아."

노리의 대답에 성태와 재준이는 놀란 표정을 지어 보였다. 그중에서도 가장 놀란 건 심리였다. 예감이 그저 예감에서 그치기를 바랐는데. 심리의 걱정을 아는지 모르는지, 노리는 공상에 빠져들었다. 게임 속 자기 모습을 떠올리자 저절로 미소가 피어났다.

"그 안에서는 뭐든지 다 할 수 있잖아. 총도 쏠 수 있고, 자동차도 운전할 수 있고. 게다가 능력도 좋고, 외모도 훌륭하고, 돈도 많다고!"

노리의 시선이 일순간 맞은편 거울로 향했다. 게임 속 캐릭터와 달리 현실 세계의 제 모습은 비루하기만 했다. 뜨겁게 머리를 달구던 흥분감이 일순간 차갑게 식는 것이 느껴졌다.

"게임 속 세상이 진짜가 됐으면 좋겠어."

고개를 푹 숙인 노리가 중얼거렸다.

"그럼 실패하거나 어려운 일이 생길 때마다 게임처럼 다시 시작할 수 있을 테니까."

노리의 말을 들은 심리가 테이블을 손바닥으로 탁! 내리쳤다.

"역시, 리셋 증후군에 걸린 게 분명해."
"리셋 증후군이라고?"
"그게 뭔데?"

성태와 재준이가 심리 옆으로 달라붙었다. 어찌나 호기심이 가득한지, 눈빛이 햇살을 받은 바다처럼 반짝이다 못해 일렁였다. 한편 멀찍이 떨어져 앉아있던 노리의 얼굴은 파도처럼 하얘졌다가 파랗게 질리기를 반복했다.

"자, 잠깐만. 혹시 나…… 큰 병에 걸린 거야?"

노리의 질문에 심리가 등받이에 몸을 기댔다. 그리고는 검지로 자신의 가슴께를 가리켰다.

"그렇다고 할 수도 있지. 몸이 아니라 마음에 걸리는 병이긴 하지만."
"……마음의 병?"
"그래. 바이러스나 세균이 아니라 게임 때문에 생긴 마음의 병 말이야."

김심리의 심리 상담소

게임 중독과 리셋 증후군이 뭐냐고?

컴퓨터가 오작동할 때 리셋 버튼을 누르는 것처럼, 현실에서도 문제가 발생했을 때 다시 시작할 수 있을 것이라고 착각하는 증상을 말해.

리셋 증후군이란, 컴퓨터나 게임처럼 리셋 버튼만 누르면 처음부터 다시 시작하는 일이 현실에서도 가능하다고 착각하는 증상을 말해요.

시험을 쫄딱 망쳐버렸잖아?

다시 돌아갈래, 다시, 다시, 다시!

리셋

83

초기화 시킨다는 뜻의 리셋과 '여러 증상'이라는 의미의 증후군이 합쳐져서 탄생한 말이지요.

reset
+
症候群
증 후 군

주로 인터넷 중독이나 게임 중독에 걸린 사람들에게서 자주 발견되는 현상이에요.

컴퓨터가 처음 만들어지고 보편화되기 시작한 이후, 인터넷은 사람들에게 꼭 필요한 도구로 자리매김했어요.

덕분에 전 세계 어느 곳에 있는 사람들과도 대화를 할 수 있고,

Hello.

이전과는 달리, 원하는 정보를 어디서든 쉽게 찾을 수 있게 되었거든요.

도서관에 직접 가지 않아도 되니까 편하네!

기술의 발전에 따라 이용 시간이 증가한 만큼 게임이나 인터넷에 중독되는 사람들도 늘어나게 된 거예요.

이제는 컴퓨터를 들고 다니면서 이용할 수 있습니다!

와아아아~

게임 중독과 인터넷 중독이 감기와 같은 질병이라면

감기 바이러스 맛 좀 봐랏!

리셋 증후군은 하나의 증상과도 같아요.

기침이나 콧물, 재채기처럼 말이죠.

콜록콜록! 으, 콧물…

키키키

"그러니까 게임 중독에 걸려서 리셋 증후군을 앓게 된다는 얘기구나?"

심리의 설명을 찰떡같이 알아들은 성태가 명쾌하게 요점을 정리했다. 심리가 성태를 향해 엄지를 들어 보였다. 성태는 쑥스러운 듯 '헤헤' 소리를 내어 웃었다. 화기애애한 기운을 날려버리듯 재준이가 손을 휘휘 저었다.

"그래서 리셋 증후군에 걸리면 어떻게 되는데?"

재준이의 말에 성태가 '어떻게 되다니?' 하고 물음표를 달았다.

"리셋 증후군도 하나의 증상이라며. 재채기를 자주 하면 코가 헐고, 기침을 많이 하면 가슴이 아픈 것처럼 뭔가 문제가 생길 거 아니야."
"리셋 증후군도 심해지면 아주 엄청난 문제가 생기기는 하지."

흠, 이걸 어떻게 보여준담. 고민하던 심리가 손가락을 딱! 하고 튕겼다. 상담소 내부의 불을 모조리 끈 심리는 세 사람 앞으로 큼지막한 모니터를 내밀었다. 그 안에서는 세 사람이 점심시간 내내 즐겼던 자동차 게임 화면이 재생되고 있었다.

"어어, 레이스 시작한다!"

성태의 말에 아이들은 모니터 앞으로 몰려들었다. 세 사람은 언제 싸웠냐는 듯 다정히 얼굴을 맞붙인 채 화면에 집중했다.

자동차들이 도로 위를 달리는 모습을 정신없이 바라보던 그때였다. 화면이 출렁이는가 싶더니 모니터 바깥으로 손들이 뻗어 나왔다. 튀어 나온 손들은 세 사람의 멱살을 단단히 움켜쥐었다. 그리고는 순식간에 모니터 안으로 끌고 들어갔다.

김심리의 심리 상담소

리셋 증후군의 특징이 뭐냐고?

스마트폰 사용에 익숙한 MZ세대는 리셋 증후군을 겪을 가능성이 높고, 속도가 느리거나 화면이 멈출 때 창을 닫아버리는 것 또한 리셋 증후군에 속해.

리셋 증후군을 겪게 되면 가상 세계와 현실 세계를 착각해서

으아아아악!

게임 혹은 인터넷 속 세상을 진짜처럼 느끼거나

Lv. 3
Lv. 1

앗! 여기는…?

심각한 경우, 그 속에 있는 내가 현실의 나보다 훨씬 더 능력 있는 존재라고 생각하게 돼요. 또 현실에서도 실제로 리셋이 가능하다고 믿어버려서

하하! 여기서 나는 무적이라고!

끔찍한 범죄를 저지르고도 없었던 일이 될 거라고 착각하는 경우도 있지요.

... 왜 돌아가지지 않지?

하지만 리셋증후군에는 이렇게 심각한 특징들만 있는 건 아니에요.

우리가 흔히 하는 행동들 중에도 리셋증후군에 해당되는 것들이 있거든요.

믿기 어렵다고요? 그렇다면 아래의 질문 중에 해당되는 것들에 동그라미를 그려 보세요.

리셋증후군 체크리스트 5

1. 인터넷 속에서 자신이 더 잘난 존재라고 믿는다.

2. 예전에 비해 폭력적인 행동·비속어가 늘었다.

3. 인터넷이 느려지거나, 화면이 멈추면 휴대폰을 껐다 킨다.

4. 무엇이든지 인터넷으로 해결할 수 있다고 생각한다.

5. 잘못을 저질러도 쉽게 없었던 일로 돌아갈 수 있다고 믿는다.

    세 사람은 삭막한 게임 속 세상에 앉아 있었다. 심리가 체크리스트를 내밀자 성태와 재준이는 심각한 표정으로 들여다보았다. 혹시라도 자신이 리셋 증후군에 걸렸을까 봐 걱정하는 기색이 역력했다.

    한편 노리는 주위를 둘러보고 있었다. 동경 어린 눈빛으로 바라보았던 것과 달리 모니터 속 세상은 삭막하기만 했다. 환호를 보내는 관중도, 멋진 자동차도 없는 경기장은 별 볼 일 없는 허허벌판이나 다름없었다. 이곳도 마냥 멋지기만 한 건 아니구나. 노리가 한눈을 파는 사이, 체크리스트를 끝마친 성태가 입을 떡하니 벌렸다.

"헉, 두 가지나 해당되잖아?"

다섯 가지 중에 두 가지면 과반수에 가까운 숫자였다. 재준이도 세 번째 동그라미를 그리며 절망했다. 자신이 게임에 중독되었다는 사실을 믿기 어려워하는 눈치였다. 친구들의 반응을 살피다 한발 늦게 체크리스트를 해보던 노리의 표정 역시 굳어졌다. 종이 위에서는 함박눈이 내리고 있었다. 노리는 다섯 개의 커다란 동그라미가 그려진 종이를 바라보다가 손톱으로 꾹꾹 눌러 접었다.

"말도 안 돼, 인정할 수 없어."

그렇게 접어낸 종이비행기를 허공으로 휙, 하고 날렸다. 심리와 성태 그리고 재준이의 시선이 종이비행기를 따라 움직였다. 심리가 종이비행기를 향해 무언가를 휙, 집어던졌다. 그러자 펑! 하는 소리와 함께 종이비행기가 고래만 한 크기로 몸집을 키웠다.

"난 게임이 중독이 아니야. 그러니까 리셋 증후군에 걸릴 수도 없다고. 이건 다 심리가 지어낸 거짓말이야. 맞지? 우리를 겁주려고 그러는 거! 게임 세상 속으로 들어온 것도 전부 네가 만든 환상이잖아. 그래, 아까 마신 차! 차에 뭔가를 탄 게 분명해!"

노리가 자리에서 벌떡 일어나 소리쳤다. 그러거나 말거나, 심리는 커다란 종이비행기 위로 몸을 실었다. 그리고는 어깨를 으쓱이며 말했다.

"거짓말이라고 생각한다면 여기에 남아있어도 상관없어. 어차피 꿈에서 깨면 그만일 테니까. 하지만 만약 이게 현실이고, 영영 게임 속 세상에 갇혀버린다고 해도 나는 책임 못 진다. 알겠지?"

심리의 말에 성태가 허겁지겁 자리를 잡고 앉았다. 그 뒤로 재준이가 뒤따랐다. 심리가 손가락으로 딱! 하는 소리를 내자 종이비행기가 두둥실 떠올랐다. 곧이어 빠른 속도로 날아오르자 씩씩거리며 서 있던 노리도 종이 끝을 부여잡고 간신히 올라탔다.

"내가 아까 설명했지? 게임 중독은 감기 같은 질병이고, 리셋 증후군은 기침이나 재채기 같은 증상이라고."

끝도 없이 높아지는 종이비행기에 재준이는 성태의 허리춤을 단단히 붙잡았다. 내내 뾰루퉁한 표정이던 노리도 놀라움에 한껏 상기된 얼굴이었다. 세 사람과 달리 잔뜩 신이 난 심리가 목소리를 높여 말했다.

"꼭 감기에 걸리지 않아도 기침이나 재채기는 얼마든지 할 수 있잖아? 마음의 병도 마찬가지야. 게임이나 인터넷 중독에 빠지지 않아도 리셋 증후군에 걸릴 수 있는 거지."

심리가 '에취!' 하며 재채기를 하자 종이비행기가 크게 휘청거렸다. 세 아이는 비명을 지르며 몸을 바들바들 떨었다. 어느덧 바닥이 저만치 멀어져 있었다. 삐져나온 콧물을 소매로 쓰윽, 훔쳐낸 심리가 말을 이었다.

"아니면 거꾸로 리셋 증후군을 통해서 게임 중독에 빠졌는지 알게 될 수도 있는 거고."

겁을 먹은 성태는 아득한 높이에 눈을 꼭 감았다. 그리고는 제 앞에 앉은 심리의 옷자락을 흔들며 물었다.

"그럼 우리가 어떻게 해야 하는 건데? 어떻게 해야 리셋 증후군에서 벗어날 수가 있는 거냐고!"
"그거라면 나한테 아주 간단한 방법이 있지."

심리가 묘기를 부리듯 자리에서 벌떡 일어났다. 등 뒤에는 어느새 가방이 하나 자리 잡고 있었다. 심리는 심호흡을 몇 번 하더니 종이비행기에서 펄쩍! 뛰어내렸다. 얼굴이 하얗게 질린 세 아이가 심리를 향해 손을 뻗었다.

"심리야!"
"야, 뭐 하는 거야!"

심리는 아랑곳하지 않고 아래로, 아래로 떨어졌다. 때를 기다리던 심리가 가방에 달린 줄을 힘차게 잡아당겼다. 커다란 옥수수 알갱이가 솟구쳐 올라오더니 펑! 하고 터졌다. 낙하산처럼 펼쳐진 팝콘에 몸을 실은 심리가 유유히 떠내려가며 소리쳤다.

"팝콘으로부터 멀어지면 돼!"
"팝콘이라니, 도대체 무슨 말이야?!"

김심리의 심리 상담소

팝콘 브레인이 뭐냐고?

팝콘처럼 튀어 오르는 <u>크고 강렬한</u> 자극에 익숙해져 <u>현실에 무감각해지는</u> 것을 의미해.
노리가 휴대폰 게임에 빠진 것도 이것 때문이지.

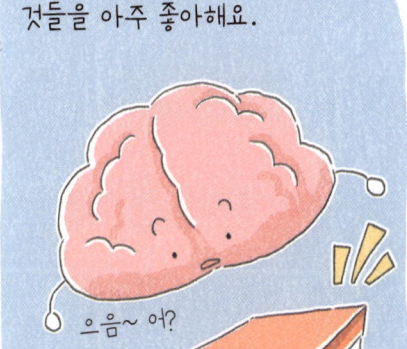

우리의 뇌는 새롭고 자극적인 것들을 아주 좋아해요.

으음~ 어?

팝콘처럼 톡톡 튀는 일들에는 아주 빠르게 반응하지요.

우와아아~

컴퓨터나 스마트폰과 같은 전자 기기를 지나치게 많이 사용하거나 여러 가지 기계를 동시에 사용했을 경우, 이런 현상은 더욱 심해지게 돼요.

이러한 리셋증후군에서 벗어나기 위해서 가장 먼저 해야 할 건 바로 인터넷과 게임 시간을 줄이는 거예요.

당연한 이야기지만 그만큼 실천하기 어려운 일이기도 하지요.

어어어, 이러다 쓰러질 것 같은데...

처음에는 어려울지 몰라도, 조금씩 줄여나가다 보면

조심조심...

언젠가는 자극적인 것만 쫓는 습관을 없애버릴 수 있겠죠?

성공이다! 천천히 하니까 되네~

두 번째는, 건강한 취미 생활 갖기예요. 방학이나 주말 등의 여가 시간에 게임만 하기보다는 친구들과 운동을 하거나 수다를 떠는 거지요.

날도 좋은데 나가서 놀지 뭐~

노래 부르기, 그림 그리기, 창밖을 멍하니 보고 있는 것도 좋아요.

중요한 건 어떤 취미인지가 아니라 건강한 방법으로 시간을 보내는 것이니까요!

심리가 바닥에 무사히 착지함과 동시에 종이비행기도 심리 상담소에 아이들을 내려주었다.

"어때, 생각보다 간단하지?"

심리의 물음에도 세 사람은 그저 얼빠진 표정을 지을 뿐이었다. 꿈을 꾼 것인지, 앨리스처럼 이상한 나라에 빠졌다 온 건지 헷갈렸기 때문이다. 그런 아이들 앞으로 심리가 휴대폰을 내밀었다.

"자, 약속대로 휴대폰 돌려줄게. 대답도 열심히 하고, 이야기도 잘 들어 줬으니까 말이야."
"어? 어, 고마워……."

성태, 재준이, 노리가 차례로 휴대폰을 받아들었다. 분명 기쁘고 신이 나야 하는데 전혀 그렇지가 않았다. 게임을 다시 켜고 싶은 마음도, 1등을 겨루고 싶은 마음도 들지 않았다. 조금 전 모니터에 빨려 들어갔다 온 것처럼, 휴대폰에서도 무시무시한 손들이 튀어나올 것만 같아서 성태는 '으' 하는 소리를 냈다. 재준이도 휴대폰을 얼른 주머니 속에 넣어 버렸다.

그런 세 사람을 지켜보던 심리가 손을 휘휘 저었다. 이제 상담이 끝났으니 교실로 돌아가 보라며 진이 빠진 얼굴로 말했다. 앞으로 게임할 때는 다투지 말라는 말도 함께 덧붙였다. 그 말을 가만히 듣고 있던 노리가 중얼거리듯 대답했다.

"싸울 일 없어. 이제 게임 안 할 거니까."
"뭐? 정말?"
"너 게임 없이는 못 살잖아!"

성태와 재준이가 한껏 흥분된 목소리로 되물었다. 이게 정말 노리의 입에서 나온 말이 맞는 건가? 우리가 잘못 들은 건 아니겠지? 두 사람은 서로의 볼을 꼬집어보기까지 했다.

"생각해보니까 이제 게임이 좀 질리더라고. 그리고…… 너네랑 운동장에서 논 지도 오래된 것 같고."

노리의 말이 맞았다. 세 사람이 모두 휴대폰을 가지게 된 시점부터 놀이터로 향하던 발길이 뚝 끊겼다. 매일 같이 땀을 흘리며 정신없이 뛰놀던 때가 언제인지 잘 기억도 나지 않았다.

"아직 점심시간 20분이나 남았는데 우리 나가서 얼음 땡 할래?"

재준이의 제안에 노리가 고개를 끄덕였다. 그런 두 사람을 바라보던 성태의 표정도 덩달아 밝아졌다.

"얼음 땡? 그래, 좋지."
"나도 할래!"
"얼른 나가자! 제일 늦게 도착하는 사람이 술래!"
"야, 그런 게 어디 있어!"

"여기 있지!"

세 친구는 소란을 떨며 운동장으로 우르르 몰려 나갔다. 심리는 창가에 매달린 채 그런 아이들의 모습을 지켜보았다. 얼음! 하고 멈췄다가 땡, 소리와 함께 재빨리 내달리는 아이들 반대편에서는 축구 경기가 한창이었다. 뾰족하게 내리쬐는 뙤약볕 아래에서 축구공을 걷어차는 펑! 펑! 소리가 연달아 들려왔다. 팝콘이 익어가는 것과는 비교할 수도 없을 만큼 기분 좋은 소리라고, 심리는 생각했다.

4장
뉴스를 믿어서는 안 된다고?

"안녕히 주무세요."

방문을 닫은 동영이가 이불 속으로 몸을 뉘었다. 깜깜한 천장을 바라보고 누운 동영이의 눈이 유달리 반짝였다. 주말이라고 늦게까지 낮잠을 잔 것이 화근이었다. 잘 시간이 한참 지났지만 말똥말똥한 정신에 한참을 뒤척이던 동영이는 결국 휴대폰을 꺼내 들었다.

친구들과의 채팅방도, 온갖 게시물이 올라오는 사이트도 오늘따라 잠잠하기만 했다. 결국 동영이가 찾아 들어간 곳은 '너튜브'였다. 스크롤을 쭉쭉 내리자 새로운 영상들이 수십 개씩 떠올랐다. 그중 동영이의 눈을 사로잡은 건 화려한 제목이 달린 영상이었다. 'XX에서 보물선 발견!' 영상을 클릭하자 여러 자료 사진과 함께 진중한 목소리가 흘러나왔다.

보물선이라고? 동영이는 자연스럽게 어린 시절에 보았던 동화를 떠올렸다. 동영이는 장래 희망이 자주 바뀌곤 했는데 그중 하나가 바로 바이킹이었다. 바다 괴물과 해적을 무찌르고 당당히 보물을 차지하는 용감한 바이킹! 하지만 그건 뭘 모르던 꼬꼬마 시절의 꿈이었을 뿐, 세상에 보물선이나 해적 같은 건 없다고 믿었는데. 그럴듯한 사진과 진지한 목소리가 동영이의 믿음에 균열을 일으키기 시작했다.

미심쩍었던 동영이의 표정이 솔깃하게 변해갈 무렵이었다. 동영이는 줄줄이 소시지처럼 매달린 '추천 동영상' 중 하나를 연이어 클릭했다. 동영상의 제목은 'XX에 보물선이 있다는 역사적 증거'였다.

"사진이 너무 그럴듯한데……."

넋 놓고 영상을 바라보던 동영이가 턱을 매만졌다. '말이 돼?'로 시작했던 혼잣말이 '들으면 들을수록 그럴듯해'로 변하기까지는 얼마 걸리지 않았다. 해가 달을 밀어내고 올라올 무렵이 되자 동영이는 확신했다. 우리나라 바닷가 어딘가에 분명 보물선이 잠자고 있다고.

"보물선……. 300억……."

퀭한 표정으로 교실에 앉은 동영이가 홀린 듯 중얼거렸다. 밤을 꼴딱 새운 탓에 눈 밑이 까맸지만, 눈빛만은 이루 말할 수 없이 반짝였다. 이미 머릿속에는 보물선을 찾아 부자가 된 자기 모습이 그려지고 있었기 때문이다.

　동영이는 저도 모르게 입을 헤- 벌린 채 웃음을 흘렸다. 그러다 망치에 뒤통수를 한 대 얻어맞은 듯 정신이 번쩍 들었다. 만약 바다 깊은 곳에 보물선이 있는 게 사실이라면, 시간을 지체해서는 안 됐다. 이 사실을 더 많은 사람이 알기 전에 달려가서 보물선을 제 것으로 만들어야만 했다.

　"그래, 지금이라도 얼른 출발해야겠어. 늦으면 보물선을 빼앗길지도 모른다고!"

　동영이는 책상 위에 있던 짐을 가방 속으로 털어 넣었다. 지퍼를 단단히 채우고, 가방을 등 뒤로 둘러메던 그때였다. 이제 막 등교를 한 친구들이 앞문으로 우르르 쏟아져 들어왔다. 가방을 메고 어딘가로 갈 채비를 마친 동영이를 본 친구들이 곁으로 다가왔다.

　"동영아, 너 어디 가? 방금 학교 온 거 아니야?"
　"가야 해, 가야 한다고……."

　동영이의 파리한 안색을 본 종대가 놀란 기색을 보였다.

"너 어디 아파? 그래서 조퇴하는 거야, 지금?"

종대의 물음에도 동영이는 말이 없었다. 결국 종대는 옆에 서 있던 서윤이에게 도움을 청했다. 똑 부러지기로 소문난 서윤이가 다가와 동영이를 붙잡았다.

"서윤아, 아무리 봐도 동영이가 아픈 것 같아. 아무리 그래도 담임선생님한테 말씀드리고 가야 하는 거 아니야?"
"그래야지. 이대로 가면 무단 조퇴니까. 동영아, 그러지 말고 일단 교무실에 가서……."
"이거 놔! 지금 당장 가야 한다니까?!"

동영이가 서윤이의 손을 매섭게 뿌리쳤다.

"바다에서 보물선이 발견됐다고! 당장 찾으러 갈 거야. 그것만 있으면 나는 부자가 될 수 있어!"

동영이의 말에 아이들은 모두 미간을 구겼다.

"뭐? 동영이 쟤 지금 무슨 얘기 하는 거야?"

술렁거리는 아이들 사이에서 정한이가 '아!' 하고 박 터지는 소리를 냈다. 아이들의 시선이 자신에게로 향하자 정한이는 휴대폰을 꺼내 들더니 무언가를 보여주었다. 동영이가 밤새 시청했던 것과 같은 동영상이었다.

"얼마 전에 '너튜브'에서 보물선이 있다고 주장하는 영상을 본 적이 있거든. 관심이 없어서 클릭해보지는 않았지만, 아무래도 이걸 보고 하는 얘기인 것 같아."

"이 동영상 때문에 동영이가 저렇게 됐단 말이야?"

"그러게. 하루아침에 보물선을 찾겠다고…… 어?"

이해가 되지 않는다는 표정을 짓던 종대가 주위를 두리번거렸다. 조금 전까지 자리에 서 있었던 동영이가 사라졌다. 종대는 주위로 바글바글하게 모여든 아이들 틈을 비집고 나갔다. 동영이가 뒷문을 빠져나가고 있었다.

"어어, 야! 동영이 도망간다!"

종대의 말에 서윤이가 잽싸게 달리기 시작했다. 그 뒤로 종대와 정한이가 따라갔다.

"일단 잡아!"
"잡아서 어떻게 할 건데?!"
"아, 그거야 모르지! 일단 잡으라니까?"

세 사람은 동영이를 따라 복도를 내달렸다. 그나마 가장 발이 빠른 정한이가 동영이의 뒤를 바짝 추격했다. 가방 끝에 손가락이 닿을락 말락 하기를 반복하며 애를 태우던 그때였다. 안 되겠다, 싶었는지 정한이가 몸을 날려 동영이를 끌어안았다. 쿠당탕! 하는 요란한 소리와 함께 세 사람이 바닥으로 엎어졌다. 재빨리 동영이의 양팔을 부여잡은 종대와 정한이가 서윤이를 바라보았다.

"윽, 이제 어떻게 해?"
"어디로 가냐고! 교무실? 보건실?"

두 사람의 물음에 머리를 싸매던 서윤이가 한쪽을 가리켰다. 체육관으로 향하는 커다란 문이 반쯤 열린 채였다.

"시, 심리! 심리한테 가자!"

세 사람은 몸부림을 치는 동영이를 이끌고 심리에게로 향했다. 당장 보물선을 찾으러 떠나야 한다며 고래고래 소리를 지르는 동영이 때문에 스무 걸음이면 갈 수 있는 거리를 15분이나 낑낑대야 했다. 땀을 뻘뻘 흘리며 심리 상담소에 도착한 세 사람은 문을 열고 동영이를 그 안으로 밀어 넣었다.

"뭐, 뭐야?!"

갑작스러운 인기척에 놀란 심리가 눈을 깜빡였다. 졸다가 꿈을 꾼 건가? 싶었지만 먼지가 풀풀 날리는 걸로 봐서 꿈은 아닌 듯했다.

"헥, 헥…… 심리야, 우리 좀 도와줘……."

종대가 문 앞을 가로막으며 말했다. 아니나 다를까, 벌떡 일어난 동영이는 문으로 돌진했다. 그런 동영이를 정한이와 서윤이가 뜯어말리기 시작했다. 마치 먹잇감을 발견한 악어처럼 동영이는 이를 딱딱 부딪치며 종대를 위협했다.

"안 비켜? 너희, 내가 보물선 찾아서 부자 되는 게 부러워서 그런 거지?!"
"보물선? 아, 혹시 만화 영화 얘기야?"
"만화가 아니라 진짜라고, 진짜! 내가 증거도 가지고 있단 말이야!"

보물 지도라도 찾은 건가? 고개를 갸웃거리는 심리를 향해 정한이가 휴대폰을 던져주었다. 두 손으로 가뿐히 받아든 심리는 재생되고 있는 동영상을 천천히 살펴보았다.

"이건 '너튜브' 영상이잖아?"
"크하하, 그래! 거기 보면 증거가 다 나와 있어. 보물선이 어디 있는지, 왜 침몰했는지, 그 안에 얼마가 들어있는지도 말이야!"

동영상을 찬찬히 살펴보던 심리가 머리를 부여잡았다. 온갖 정보들을 짜깁기해 만들어낸 '가짜 뉴스'가 틀림없었다. 수많은 거짓 속에 약간의 진실을 섞어 그럴싸해 보이도록 만든 가짜 뉴스. 그 위험한 가짜 뉴스에 동영이가 매료되어버리다니. 동영상을 꺼버린 심리가 소파에 털썩, 주저앉았다.

"이건 가짜 뉴스야. 동영이 네가 확증 편향에 빠져도 단단히 빠져버린 거라고."
"확증 편향? 그게 뭐길래 동영이가 이렇게까지 변해버린 거야?"

그 사이, 동영이를 생각하는 의자에 묶어둔 종대가 손을 털며 물었다. 심리가 앉으라고 손짓하자 세 사람은 나란히 소파에 자리를 잡았다. 동영이는 여전히 밖으로 나가겠다고 아우성이었지만 심리는 애써 모르는 체했다. 다른 아이들까지 모조리 가짜 뉴스에 빠져버리기 전에 모든 걸 바로 잡아야만 했다.

김심리의 심리 상담소

확증 편향이 뭐냐고?

자신의 신념과 일치하는 정보만 받아들이고, 그렇지 않은 정보는 축소하거나 무시하는 경향을 말해. 동영이가 가짜 뉴스에 푹 빠지게 된 이유지.

확증 편향이란, 자신의 신념을 지키기 위해 이에 맞는 정보만 받아들이는 것을 말해요.

난 딸기는 좋아하지만 생크림은 안 좋아하는데…

쉽게 말해서 보고 싶은 것만 보고, 듣고 싶은 것만 듣는 거죠.

뭐야! 딸기만 다 골라 먹으면 어떻게 해!

좋아하는 것만 먹는 게 뭐 어때서! 내 마음이지!

인간의 뇌는 컴퓨터와 달리 정보를 있는 그대로 받아들이지 않아요.

1입니다.

이전에 했던 경험이나 자신의 생각을 바탕으로 정보를 왜곡하거나 필요한 것, 좋아하는 것, 보고 싶은 것만 선택하기도 하거든요.

인간에게는 내가 믿는 것을 진짜라고 확인받고 싶어 하는 습성이 있는데, 이런 습성 때문에 무의식적으로 나에게 유리한 정보들만 모으게 되는 거예요.

눈앞에 있음에도 불구하고 보지 못하게 되는 것이지요.

이 사실을 증명하기 위해 크리스토퍼는 한 가지 실험을 진행했어요.

"우와, 진짜 신기하다! 저 조그만 농구공에 집중하느라 이렇게 큰 고릴라를 못 보고 지나치다니!"

정한이가 어느새 고릴라로 변장한 심리를 올려다보며 말했다.

"흥, 내가 본 건 가짜 뉴스가 아니야. 밤새도록 영상을 봤지만, 보물선이 없다는 증거는 하나도 없었다고!"
"당연히 그럴 수밖에."

콧김을 크흥, 내뿜은 심리가 농구공을 쥐었다. 커다랗고 털이 북슬북슬하게 자란 손으로 농구공을 몇 번 튀기더니 아이들 앞에 내밀었다.

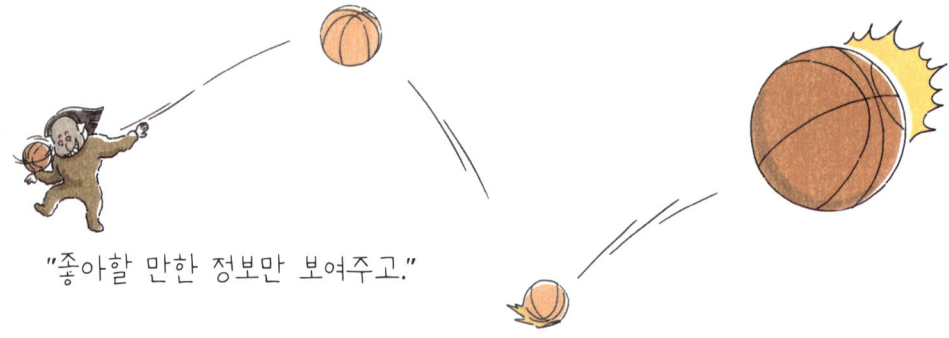

"좋아할 만한 정보만 보여주고."

심리는 농구공을 한쪽 팔 위로 휘리릭, 넘겼다. 어깨를 지나 반대편으로 굴러오는가 싶던 농구공이 감쪽같이 사라졌다.

"싫어할 것 같은 정보는 쏙! 감춰버리는 게 가짜 뉴스의 특징이니까."

농구공이 어디로 사라져버린 거지? 심리의 등 뒤로 다가가 살펴보던 서윤이가 잘 모르겠다는 듯 물었다.

"도대체 누가, 왜 그런 일을 하는 건데?"
"바로 가짜 뉴스를 이용해서 이익을 얻는 사람들이지."

심리가 머리 뒤편으로 손을 숨겼다가 꺼냈다. 까만 손바닥 위에는 다시금 농구공이 올라와 있었다. 심리가 입김을 후! 불며 공중으로 던지자 농구공이 펑! 하고 터졌다. 초록색 지폐들이 폭죽처럼 흩날렸다.

"인간에게는 내가 믿는 것을 진짜라고 확인받고 싶어 하는 습성이 있다고 했지? 이걸 이용해서 사람들을 속이고, 조종하는 거야."

서윤이, 종대, 정한이는 지폐를 향해 달려들었다. 하지만 세종대왕이 있어야 할 자리에는 고릴라 탈을 쓴 심리의 웃는 얼굴이 그려져 있었다.

김심리의 심리 상담소

가짜 뉴스가 뭐냐고?

실제 언론 보도처럼 가공된 뉴스로, 사람들의 흥미와 본능을 자극하기 위해 의도를 가지고 조작된 것이 특징이야.

인터넷상에는 우리가 미처 다 헤아릴 수 없을 만큼 많은 정보들이 존재해요. 그 덕에 내가 원하는 정보가 무엇이든 클릭 몇 번으로 간단하게 찾을 수가 있죠.

으차차, 물고기 많~이 잡혀라!

시간과 노력을 많이 들이지 않고서도 말이에요.

벌써...?

하지만 문제는 그 속에 진짜와 가짜가 구분 없이 마구 섞여 있다는 거예요.

지름길을 찾아가려다 결국 확증 편향이라는 함정에 빠져버리는 셈이지요.

으아아아악!!

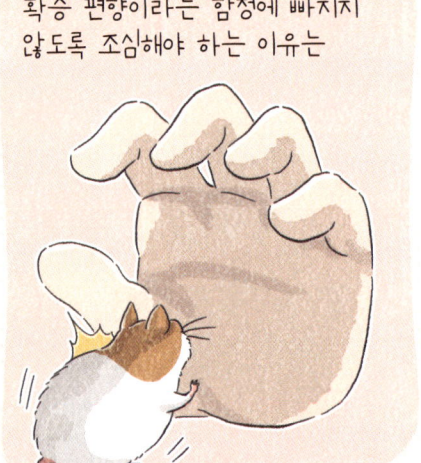
확증 편향이라는 함정에 빠지지 않도록 조심해야 하는 이유는

한 번 빠지게 되면 벗어나는 일이 쉽지 않기 때문이에요.

내가 좋아하고, 받아들이기 쉬운 정보들만 선택하다 보면 구덩이를 파놓은 사람들에 의해 계속해서 비슷한 정보들만 제공받게 되고, 끝내 그 정보를 사실이라고 믿어버리게 되거든요.

엇, 내가 좋아하는 해바라기씨...!

해바라기씨를 잘 먹네~ 앞으로도 이것만 줘야겠다!

이 세상에서 먹을 수 있는 건 해바라기 씨밖에 없구나...!

보고 싶은 것만 보고, 듣고 싶은 것만 듣는 것에 익숙해져서 구덩이 밖으로 나가려는 노력조차 하지 않게 되는 거예요.

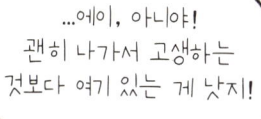

해바라기씨 말고도 맛있는 게 분명...

...에이, 아니야! 괜히 나가서 고생하는 것보다 여기 있는 게 낫지!

사람들의 이러한 심리를 잘 알고 있는 존재들은 일부러 곳곳에 함정을 파놓은 채 우리가 빠지기만을 기다리고 있어요.

새로운 정보는 숨기고, 익숙하면서도 쉬운 정보들만 보여주면서 말이에요.

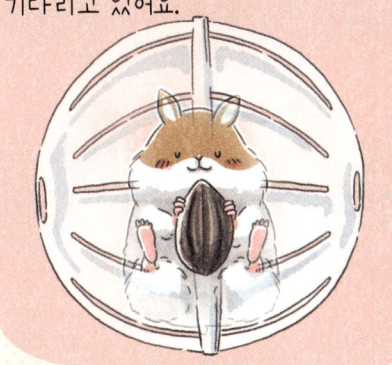

우리 햄스터가 해바라기 씨를 아주 좋아해요!

한 가지 생각에만 몰두하도록 만드는 거예요.

그래야 자신들의 이익도 더더욱 커지니까요.

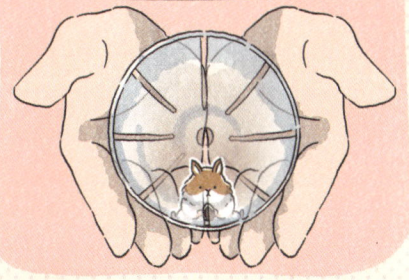

어차피 나올 생각도 하지 않는 걸요?

다행이네요~ 앞으로도 쭉! 햄스터볼 안에서만 키우세요. 밖으로 절대 나오게 하면 안 됩니다.

"정보가 너무 많은 것도 독이 될 수 있어."

심리는 머그잔 가득 물을 담고 그 위에 작은 배 모형을 띄웠다. 금방이라도 물이 넘칠 듯 출렁거리자 배 모형도 함께 침몰할 듯 휘청거렸다. 심리가 조심스레 컵에 입술을 대고 물을 두어 모금 삼켰다. 물의 수위가 낮아지자 위태롭게 흔들리던 배도 금세 안정을 되찾았다.

"뭐든 적당한 게 좋은 거지. 아무리 맛있는 음식이라도 과식하면 배탈 나는 것처럼."

심리가 동영이 곁으로 다가와 물 잔을 건넸다. 동영이가 목을 축이는 사이, 심리는 의자에 단단하게 메어있던 끈을 풀어주었다. 그리고는 동영이에게 휴대폰을 건넸다. 무표정한 얼굴로 화면을 꾹꾹 눌러보던 동영이의 미간이 발로 밟은 우유갑처럼 콱! 하고 찌그러졌다. 동영이가 밤새도록 보고, 듣고, 믿었던 영상을 만든 사람은 다름 아닌 '뻥이요 TV' 운영자였다.

"가짜 뉴스인 줄도 모르고 바보 같이 들떠서……."
"너무 자책하지 마, 동영아. 누구한테나 있을 수 있는 일이니까."

심리가 동영이의 어깨에 손을 얹었다.

위로의 말이었지만 동시에 사실이기도 했다. 요즘은 누구든지 쉽게 정보를 만들고, 볼 수 있는 시대다. 확인되지 않은 이야기들을 그럴듯하게 만드는 것도, 아예 없는 사실을 있었던 것처럼 만드는 것도 가능했다. 인지하지 못하는 사이 우리는 하루에도 수십, 수백 개의 가짜 뉴스들과 마주하고 있었다.

"그러게, 동영이가 빠진 걸 보면 우리도 충분히 그럴 수 있다는 얘기잖아? 텔레비전에, 컴퓨터에, 스마트폰까지! 가짜 정보들이 넘쳐나는 세상인데."

정한이의 말에 종대가 고개를 끄덕였다.

"그래, 맞아. 우리라고 안심할 수는 없지."
"심리야, 너는 알고 있지? 어떻게 하면 가짜 뉴스를 피할 수 있는지 말이야. 응?"

서윤이가 심리의 팔을 잡고 흔들었다.

"제일 좋은 방법이 한 가지 있기는 하지."
"그게 뭔데?"

심리의 명쾌한 대답에 동영이도 고개를 들었다. 가짜 뉴스를 피할 수 있는 방법이 있다고? 심리는 호기심으로 반짝이는 네 쌍의 눈동자를 똑똑히 마주하며 말했다.

"바로 변호사를 고용하는 거야."

심리의 말에 정한이가 눈썹을 꿀렁였다.

"변호사? 우리는 아직 어린이고, 돈도 별로 없는걸?"
"하하하! 진짜 변호사 말고 마음의 변호사 말이야."

김심리의 심리 상담소

악마의 변호인이 뭐냐고?

토론을 활성화시키거나 다른 선택의 여지를 탐색하기 위해 적극적으로 반대 의견을 말하는 사람을 의미해. 가짜 뉴스를 피할 수 있는 좋은 방법이지.

16세기 로마 교황청에서는 때마다 시성식이 열렸어요. 순교자가 될 만한 사람을 골라 성인으로 올려줄 때 치르는 예식이었지요. 성인이 될 자격이 있는지, 없는지는 토론을 통해 결정됐는데 찬성하는 쪽은 신의 변호인, 반대하는 쪽은 악마의 변호인으로 불렸어요.

"그러니까 가짜 뉴스에 속았다고 해서 너무 자책할 거 없어. 아무리 똑똑한 사람이라도 얼마든지 함정에 빠질 수 있는 거니까."

심리가 탁자 위로 한쪽 발을 척, 걸쳤다. 그리고는 제 가슴께를 손바닥으로 톡톡 두드리며 말했다.

"아, 물론 세상에서 제일 잘난 이 김심리 님은 빼고 말이야!"

으, 꼭 저런다니까. 심리의 귀여운 잘난 체에 종대도 웃으며 대꾸했다.

"심리 네가 세상에서 제일 잘났다는 것도 확증 편향인 거 아니야?"
"맞아, 맞아. 아니라는 증거도 많을 텐데, 너한테 좋은 말들만 쏙쏙! 뽑아서 받아들이는 거지."
"뭐라고? 너희들 진짜!"
"으아악, 심리 화났다! 도망쳐!"

장난스러운 농담이 오고 가던 그때였다. 창밖으로 검은 먹구름이 몰려오는가 싶더니, 다섯 사람의 휴대폰이 동시에 '띠링!' 하고 맑은 소리를 냈다. 약을 올리고 신나게 도망치던 종대와 정한이가 차례로 멈춰서서 메시지를 확인했다. 서윤이도, 심리도, 동영이도 마찬가지였다. 모두가 초대되어 있는 단체 채팅방에 기사 하나가 공유되었다.

　기사를 본 아이들이 채팅방에 연달아 메시지를 올려 댔다. '친구를 괴롭혔다더라.' 하는 추측성 문장은 채 몇 분도 지나지 않아 '친구를 괴롭히고 때린 것도 모자라서 돈도 뺏었다.'는 확신으로 변해 있었다. 그 광경을 눈앞에서 지켜보던 종대가 무겁게 입을 열었다.

"이것도 설마 가짜 뉴스일까?"

종대의 물음에 정한이가 고개를 갸웃거렸다.

"글쎄. 동영이가 본 건 '뻥이요 TV'에서 만든 동영상이었지만, 이건 뉴스 기사잖아. 그럼 사실일 것 같은데."
"지금 검색해보니까 TV 뉴스에도 나오고 있나 봐. 그럼 이건 무조건 사실이겠지?"

서윤이가 확신에 눈빛으로 심리를 바라보았다. 심리는 짧게 한숨을 내쉬고는 휴대폰 화면을 내밀었다. 아이들의 시선이 심리의 손가락 끝으로 모아졌다.

"잘 봐. TV 뉴스에 나오긴 했지만 전혀 신뢰할 만한 언론사가 아니야. 단체 채팅방에 올라온 인터넷 기사도 마찬가지고."

심리의 손가락이 가리키고 있는 곳에는 'OHJ'라고 적혀 있었다. 평소 편향된 뉴스를 보도하기로 유명한 방송사였다. 출처가 불분명한 인터넷 루머들을 가지고 시청률을 올리는 문제로 몇 번이나 경고를 받은 적도 있었다.

"뉴스라고 해서 모두 다 진실은 아니야. 출처가 어디인지, 믿을 만한 사람이 작성한 기사인지에 따라서 결정해야 한다고. 그리고 너무 한쪽의 입장만 주장하는 건 아닌지도 비판적으로 살펴봐야 하고."

심리의 말에 네 사람이 골치 아픈 듯이 머리를 흔들었다. '너튜브'에 올라오는 동영상뿐만 아니라 인터넷 기사까지 정확히 판단해가며 읽어야 한다는 사실이 막막하게 느껴졌기 때문이다. 게다가 깔끔하게 정장을 차려입고 또박또박 정보를 전달하는 앵커의 말조차도 믿을 수가 없다니. 이 세상에 믿을 만한 정보가 정말 있기는 한 걸까? 회의감까지 들기 시작했다. 그때였다. 동영이가 요란스러운 소리를 내며 자리에서 벌떡 일어섰다. 심리를 포함한 네 명의 아이들이 놀란 표정으로 동영이를 바라보았다.

"지금 이러고 있을 때가 아니야. 얼른 아이들한테도 가짜 뉴스를 피해갈 수 있는 방법을 알려줘야지. 이러다 다들 가짜 뉴스에 홀려버리고 말 거라고! 내가 그랬던 것처럼 말이야."

동영이의 말에 심리를 시작으로 종대, 서윤이, 정한이 모두 고개를 끄덕였다. 힘 있는 목소리가, 꽉 쥔 주먹이 어딘가 의연해 보이기까지 했기 때문이다.

"그래, 동영이 말이 맞아. 지금부터 가짜 뉴스 소탕 작전, 개시!"

개시! 입을 모아 구호를 외친 아이들은 단체 채팅방에 메시지를 보내기 시작했다.

 얘들아 확인되지도 않은 정보를 쉽게 믿어서는 안 돼!

 맞아 함부로 퍼트려서도 안 되고.

저런 가짜 뉴스는 만든 사람뿐만이 아니라 퍼트린 사람도 처벌을 받는다고 하던데?

그래 일단 사실이 확인될 때까지 조금만 기다려 보자.

'저 아이돌 그룹의 팬이라서 편드는 거 아니야?' 하며 따지고 드는 아이들이 하나, 둘 늘어나기 시작하려던 찰나. 단체 채팅방에 또 다른 기사가 공유되었다.

C군 일진설 사실무근, 경쟁 팬클럽에서
지어낸 것으로 밝혀져……
악성 루머에 소속사 '법적 대응' 예고

― 소속사 대표 'D씨' "선처 없다", 강경 대응에 뒤늦은 사과문 호소...

xx.xx.xx. ★★★기자   사사뉴스

그날 이후, 단체 채팅방에는 하나의 규칙이 생겼다. '확인되지 않은 정보는 함부로 공유하지 않기.' 그러자 아이들의 호기심은 이름 모를 연예인에서 서로에게로 옮겨갔다. 어젯밤에는 무엇을 했는지, 주말에는 어디를 다녀왔는지, 요즘 관심 있어 하는 건 무엇인지 끊임없이 궁금해하기 시작했다.

동영이도 친구들의 질문 공세에 답을 하느라 정신이 없었다. 최근에 가장 재밌게 했던 게임에 대해 열심히 설명하던 동영이가 문득 '공지창'을 바라보았다. 동그란 원 속에 갇힌 심리의 얼굴이 어쩐지 평소보다 밝은 것도 같아서, 동영이는 따라 웃었다. 입에서 입으로 옮겨 다니며 몸집을 키우던 소문이 사라진 자리에는 보기 좋은 미소가 하나, 둘 피어나고 있었다.

김심리

5장
나는 왜 칭찬이 부담스러울까?

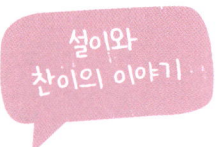
설이와 찬이의 이야기

설이가 늘어지게 하품을 했다. 점심을 먹고 나자 한껏 나른해진 탓이었다. 화창한 하늘 사이를 가르는 시원한 바람이 설이의 졸음을 더욱 재촉했다. 무거운 눈꺼풀이 붙을락 말락 오르내리던 그때였다. 앞문이 힘차게 열리며 반장 선호가 소리쳤다.

"얘들아, 다음 시간 체육으로 바뀌었대! 운동장으로 모여."

선호의 말에 아이들이 술렁이기 시작했다. 이렇게 더운데 무슨 체육이냐는 아우성과 얼른 나가서 피구나 하자는 즐거움이 뒤섞인 소리였다. 그 사이에서 설이는 책상에 엎드린 채 우는소리를 했다. 체육이 싫은 건 둘째 치고 운동장으로 나가는 것조차 귀찮기만 했다. 이런 날 자습이나 시켜주시면 좋으련만. 설이는 툴툴대며 운동장으로 향했다.

"자, 각자 알아서 몸 풀고 10분 뒤에 저기 축구 골대 앞에서 모이도록."
"네!"

선생님이 사라진 자리에 반장 선호가 섰다. 하나, 둘, 셋, 넷! 하는 구령과 함께 아이들이 일사불란하게 몸을 움직였다. 그 틈을 타 도망을 친 설이는 재빨리 건물 뒤편으로 몸을 숨겼다.

"여기라면 아무도 없겠지?"

설이가 향한 곳은 운동장 반대편에 위치한 정원이었다. 작년까지만 해도 학생 쉼터로 쓰였지만, 나쁜 학생들의 아지트가 된 이후로 폐쇄된 공간이었다. 텅 빈 정원을 가로지르던 설이가 주위를 두리번거렸다.

"어딘가에 벤치가 있을 텐데……"

기억을 더듬어 몸을 뉠 곳을 찾던 그때였다. 설이의 귓가로 수상한 말소리가 흘러들어왔다. 착각인가, 싶어 귀를 후벼봤지만 웅성거리는 소리는 여전했다. 혹시 나쁜 애들이 모여 있는 거 아니야? 괜한 호기심이 발동한 설이가 모퉁이 너머로 고개를 빼꼼히 내밀었다.

"……어?! 너는!"
"으아악! 깜짝이야!"

정원 앞에 쪼그리고 앉아있는 건 다름 아닌 찬이였다. 찬이는 갑작스러운 설이의 등장에 놀란 기색이 역력했다. 얼마나 놀랐는지 바닥이 온통 흙투성이인 것도 잊어버리고 털썩 주저앉아버렸다. 그런 찬이를 향해 설이가 손을 내밀었다.

"여기서 뭐 해? 설마 너도 땡땡이?"
"땡땡이는 무슨……. 그런 거 아니거든?"
"그럼 뭔데?"

설이의 손을 잡고 벌떡 일어난 찬이는 난감한 표정을 지었다. 말할까, 말까. 한참을 금붕어처럼 입술만 뻐끔거리던 찬이가 제 등 뒤로 손을 뻗었다.

"터, 텃밭 가꾸고 있었다, 왜!"
"텃밭?"

설이가 찬이의 등 뒤로 시선을 옮겼다. 그곳에는 여러 작물이 열을 맞춰 심겨 있었다. 작은 꽃과 나무들 앞에는 삐뚤빼뚤한 글씨가 적힌 팻말도 꽂혀 있었다. 잎사귀며 꽃잎이 반지르르 한 것이 딱 봐도 공을 들인 태가 났다.

"뭐 재미있는 거 하나 했더니, 지루하기는."

잠시 관심을 가지나 했던 설이는 금방 흥미를 잃어버렸다. 설이는 꽃과 나무 같은 것에는 영 관심이 없었다. 같이 사는 외할머니는 꽃들이 무럭무럭 자라나는 모습을 보면 기분이 좋다고 하셨지만, 설이는 동의할 수 없었다. 꽃이 그냥 꽃이고, 나무는 그냥 나무지. 말하지 않아도 읽힐 만큼 시큰둥한 눈빛에 찬이도 고개를 휙, 돌렸다.

"무시하지 마. 이게 얼마나 재미있는 일인데."

찬이의 눈에는 꽃과 나무가 이 세상 무엇보다도 예뻐 보였다. 털을 휘날리며 뛰어다니는 강아지나 조심성 없이 몸을 부딪쳐오는 친구들보다도 훨씬 좋았다. 정성을 들인 만큼 자라나는 모습을 보면 뿌듯하기까지 했다. 자신이 노력한 대로 결과를 보여주는 건 공부도, 인간관계도 아닌 바로 이 꽃과 나무뿐이었으니까. 그 사실을 깨달을 때마다 찬이는 꽃과 나무를 키우는 일에 더욱 공을 들였다.

"근데 네 친구는 어디로 갔어?"
"무슨 친구?"

주위를 두리번거리던 설이의 물음에 찬이는 의아한 표정을 지었다. 자습 시간 내내 이곳에 혼자 있었는데 무슨 친구를 말하는 거지?

"아까 저쪽에서 들으니까 누구랑 대화 중인 것 같던데. 친구랑 같이 있는 거 아니었어?"
"어? 아, 그게……."

설이의 말에 찬이가 뒤늦게 박 터지는 소리를 냈다. 설마 내가 하는 말도 들은 건 아니겠지? 부끄러움이 파도처럼 몰려와 찬이의 귓등을 빨갛게 물들였다. 귀신이랑 대화를 했다고 할 수도 없고. 찬이는 어쩔 수 없이 두 눈을 질끈 감고 대답했다.

"치, 친구가 아니라…… 저 방울토마토 나무한테 얘기하는 중이었어."

방울토마토한테 말을 걸었다고? 찬이의 대답을 들은 설이는 배꼽이 빠지도록 웃었다. 꽃과 나무를 정성 들여 키우는 것으로도 충분히 별종이라고 느꼈는데 말까지 걸다니. 멀쩡한 겉보기와는 다르게 꽤나 독특하구나, 싶은 생각에 설이는 웃는 낯으로 말을 덧붙였다.

"너 진짜 웃기는 애구나? 그래서 방울토마토한테 뭐라고 얘기했는데?"
"그야, 뭐…… 쑥쑥 자라라, 아프지 말고 예쁘게 커라, 그랬지."

"입 아프게 그런 말은 뭐 하러 해? 방울토마토한테 귀가 달린 것도 아닌데."

쓸모없는 짓하지 말고 너도 낮잠이나 자. 설이가 못 말린다는 듯 고개를 저으며 말했다. 그 순간, 건너편에서 귀에 익은 목소리가 들려 왔다.

"쓸모없지 않은데?"

설이와 찬이의 시선이 동시에 위쪽을 향했다.

언제부터 그곳에 있었는지, 동상 위에 걸터앉아있던 심리가 바닥으로 가볍게 착지했다.

"뭐야, 심리 너도 땡땡이쳤어?"
"허, 무슨 소리야. 나는 땡땡이를 친 게 아니라 너희들에게 가르침을 주려고 손수 출동한 거라고."

설이의 물음에 심리가 어이없는 목소리로 대답했다. 심리가 걸음을 옮길 때마다 혹여나 제 꽃을 밟을까 노심초사하던 찬이가 되물었다.

"무슨 가르침을 주겠다는 거야?"
"설이가 방금 그랬잖아. 방울토마토한테 칭찬을 하는 건 쓸모없는 일이라고."

그랬지. 설이가 고개를 끄덕였다.

"방울토마토가 듣지 못할 것 같지만 전혀 그렇지 않아. '잘 자라라' 하고 칭찬을 해주면 실제로도 쑥쑥 자라나니까."

심리의 말에 설이는 팔짱을 끼었다. 일자로 닫힌 입매만 보아도 못 믿겠다는 기색이 역력했다.

"참나, 말도 안 돼. 과학 선생님이 식물은 햇빛이랑 물, 흙만 있으면 살 수 있다고 하셨어. 식물의 성장 요건에 '칭찬' 같은 건 없었단 말이야."

"그건 어디까지나 '필수 조건'이고. 칭찬을 해주면 성장에 조금 더 도움이 되는 거지. 마치 사람들이 밥을 먹고도 영양제를 챙겨 먹는 것처럼 말이야. 심리학에서는 그걸 피그말리온 효과라고 부르고."

김심리의 심리 상담소

피그말리온 신화가 뭐냐고?

그리스 신화 속 조각가인 피그말리온은 자신이 만든 조각상과 사랑에 빠지게 되었고, 간절한 기도 끝에 조각상은 사람으로 변해 피그말리온과 부부가 된다는 이야기야.

피그말리온은 그리스 시대에 살던 조각가예요. 그는 결혼할 때가 되어서 신붓감을 찾아야 했지만 차일피일 미루고 있었지요. 예쁘다는 여자들을 모두 만나봤지만 썩 마음에 들지 않았거든요.

"7207번째 여자도 별 볼 일 없네, 뭐..."

그러던 어느 날, 사랑의 여신 아프로디테를 기념하는 축제가 벌어졌어요.

사람들은 아프로디테의 신전 앞으로 모여들었죠.

여신의 신전에 제물을 바치고 소원을 빌면 이루어진다는 미신이 있었거든요.

이루어지게 해주세요, 여신님.

그 소문을 알고 있던 피그말리온 역시 정성껏 제물을 마련해서 바치고는 간절하게 기도를 드렸어요.

나도, 얼른 가서, 소, 소원을 빌어야지, 아이구! 무거워어억!

피그말리온의 간절한 기도를 들은 아프로디테가 조각상을 진짜 사람으로 만들어준 거죠.

제물을 바쳤으니 소원을 들어줘야지~

여신님이 내 간절한 기도를 들어주신 게 분명해! 고맙습니다, 정말 고맙습니다...

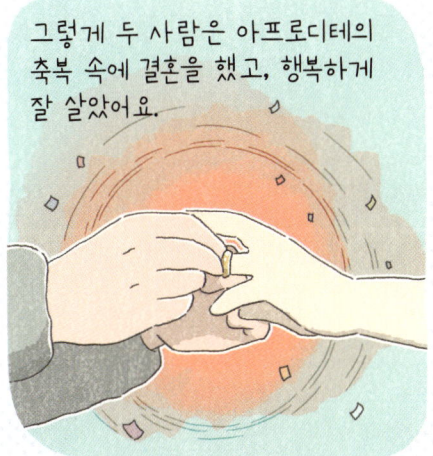

그렇게 두 사람은 아프로디테의 축복 속에 결혼을 했고, 행복하게 잘 살았어요.

피그말리온 효과는 바로 이 신화에서 따온 이름이에요.

피그말리온의 간절한 기도로 조각상이 진짜 사람이 되었듯

꼭 이루어지게 해주세요...

우리가 진심으로 바라고 기대하면 반드시 현실로 이루어진다는 뜻이죠.

"우와, 너무 재미있고 신기한 이야기다!"

감탄하던 찬이가 제 발 아래를 내려다보았다. 그리고는 겨우 종아리 높이까지 자라난 방울토마토 나무를 바라보며 상상의 나래를 펼쳤다. 자신의 칭찬을 먹고 무럭무럭 커서 하늘을 뚫고 자라나는 상상을. 코끼리만 한 토마토가 주렁주렁 매달리는 데까지 생각이 미치자 저절로 웃음이 터져 나왔다.

"나는 그냥 방울토마토가 잘 자랐으면 해서 얘기해줬던 건데, 실제로 효과가 있는 거였다니."

기분 좋은 상상을 마친 찬이가 물뿌리개를 비스듬히 기울였다. 시원한 물줄기가 초록색 이파리부터 단단하게 굳어있던 땅까지 고루 적셨다.

"내가 했던 일이 쓸모없는 짓이 아니었네."
"맞아. 사람도 마찬가지야. 자꾸 좋은 말을 해주면 더 잘할 수 있게 되지. 마법의 주문 같은 거라고나 할까?"

심리가 요술을 부리듯 손가락을 휘휘 저었다. 어쩐지 심리의 손가락 끝에서 반짝이는 가루들이 떨어지는 것도 같았다. 화기애애한 분위기를 깨부순 건 설이의 콧바람이었다. 설이는 흥! 하는 소리와 함께 입을 삐죽 내밀었다.

"그래도 못 믿겠어. 그런 거짓말 같은 신화 얘기를 어떻게 믿어."

설이는 알고 있었다. 신화의 대부분이 실제로는 일어나지 않은 일이라는 걸. 주몽이 알에서 태어났다거나 곰이 마늘을 먹고 사람이 됐다는 얘기처럼 말이다. 사람들이 지어낸 이야기만 들어서는 아무것도 믿을 수 없었다.

"뭔가 눈에 보이는 과학적인 증거가 있어야지, 증거가."
"과학적인 증거라……."

설이가 따박따박 따지자 심리는 머리를 긁적였다. 설이처럼 논리적인 아이를 설득하려면 신화 같은 이야기보다 더 확실한 게 필요했다. 심리는 머릿속으로 그동안 읽었던 심리학 서적들을 촤르르 펼쳤다. 이 중 피그말리온과 관련된 실험이 어디 있을 텐데…….

"아, 있다! 증거!"

머릿속 책장이 어느 한 곳에 멈추었다. 심리의 말에 설이도 호기심이 동했는지 눈을 동그랗게 뜨고 물었다.

"그게 뭔데?"
"네 궁금증을 단번에 풀어줄 박사를 한 명 소개해 줄게. 바로 로젠탈!"

김심리의 심리 상담소

로젠탈 효과가 뭐냐고?

긍정적인 기대나 관심으로 인해 일의 능률이 오르거나 공부를 잘하게 되는 등 결과가 좋아지는 현상을 뜻해.

심리학자인 로젠탈은 1968년, 한 초등학교를 찾아가 실험을 진행했어요. 칭찬이나 기대만으로도 학생들이 실제로 잘 해낼 수 있는지 궁금했거든요.

흠음, 과연…

가장 먼저 한 일은 100명의 학생들을 대상으로 지능을 검사하는 일이었지요.

자, 지금부터 테스트를 시작하겠습니다.

결과는 당연하게도 똑똑한 학생과 그렇지 않은 학생이 골고루 섞여 있었어요.

로젠탈은 그 검사 결과와는 상관없이 20명을 무작위로 골라내서 종이에 적고는 선생님에게 건네주며 이렇게 말했어요.

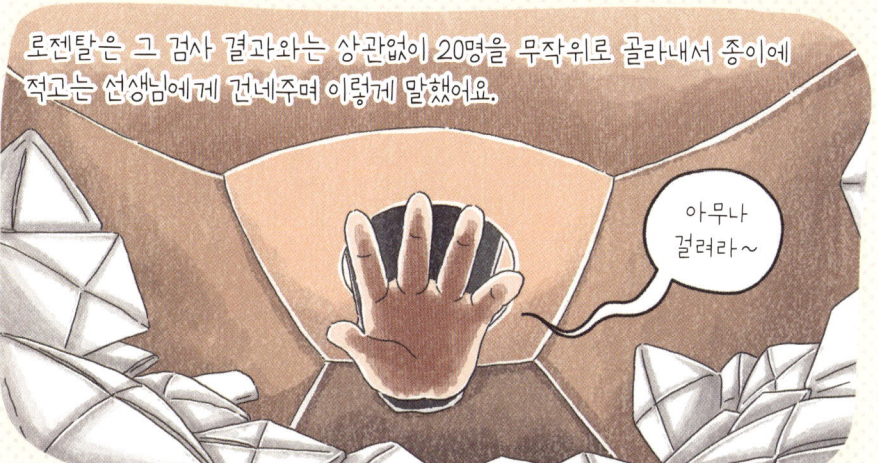

아무나 걸려라~

아이들의 지능 검사 결과입니다.

이 학생들은 지능도 높고, 앞으로 가능성도 무궁무진해요! 잘 지켜봐 주세요~

그렇게 시간이 지나고 한 학년이 끝날 때쯤 로젠탈은 다시 학교에 방문했어요.

그리고는 처음에 했던 지능 검사를 다시 실시했죠. 그때 그 100명의 학생들을 대상으로 말이에요.

검사 결과가 어땠냐고요? 로젠탈의 입이 떡 벌어질 정도로 놀라웠어요.

허어어어억 세상에 마상에나!

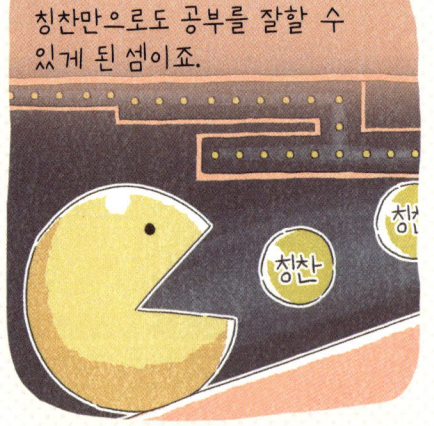

"아, 그 속담이랑 똑같네. 칭찬은 고래도 춤추게 한다!"

찬이는 커다란 고래가 수면 위로 튀어 오르듯 제자리에서 발을 동동 굴렀다.
그 모습을 지켜보던 심리도 따라서 몸을 살랑살랑 흔들었다.

"맞아, 칭찬을 듣게 되면 나도 모르게 자신감이 생기거든. 기대에 맞게 더 좋은 모습을 보여주기 위해서 노력하기도 하고."

두 사람의 말을 듣고 있던 설이가 쳇, 하고 혀를 찼다. 고래가 어떻게 춤을 춰? 말도 안 돼. 어처구니없는 소리라며 입을 삐죽이던 설이는 문득 지난 기억을 떠올렸다. 운동회 준비로 매일 같이 전쟁을 치르던 때였다. 설이네 반에서도 각종 시합에 나갈 대표 선수들을 뽑느라 아이들끼리 실랑이를 벌이고 있었다. 피구, 농구, 줄다리기, 박 터트리기까지. 인기 종목들을 거치고 나자 남은 건 단 하나뿐이었다. 바로 운동회의 하이라이트, 계주.

계주의 첫 번째, 두 번째 주자를 뽑는 것까지는 무리가 없었다. 하지만 마지막 주자가 문제였다. 사실상 승패를 결정짓는 마지막 주자가 되는 것이 퍽 부담스러운지 서로에게 미루기 시작한 것이다. 다른 종목에 출전해야 해서, 달리기가 느려서, 얼마 전에 발목을 다쳐서. 이유도

가지각색이었다. 그 틈에서 설이를 추천하는 목소리가 나온 건 뜻밖의 일이었다. 설이는 아이들이 자신의 이름을 부르자 비몽사몽한 목소리로 대꾸했다.

"나, 나보고 뭘 하라고?"
"계주! 설이 너 달리기 잘하잖아."

잠이 덜 깬 설이의 예민한 신경이 바짝 섰다. 운동회를 준비한다고 시끄럽게 구는 것도 짜증이 났는데 이제는 계주 시합까지 나가라니. 귀찮음이 이루 말할 수 없이 몰려왔다. 됐으니까 너희들끼리 재미있게 하라는 말이 입 밖으로 튀어나오기 직전이었다.

"맞아, 맞아. 설이가 달리기를 잘하긴 해."
"그치? 저번 체육 시간에 보고 놀랐다니까."
"나도 깜짝 놀랐어. 맨날 잠만 자서 그렇게 빠른 줄은 처음 알았네."

아이들이 짠 듯이 입을 모아 설이를 칭찬하기 시작했다. 그 앞에 대고 차마 나쁜 말을 쏟아낼 수는 없어서 설이는 결국 알았다고 대답했다. 운동회가 시작되고, 계주 시합을 목전에 둔 순간도 마찬가지였다. 아이들이 제 이름을 부르며 응원하기 시작하자 설이는 다리에 힘이 바짝 들어가는 것을 느꼈다. 평소라면 이미 도망치고도 남았을 지루한 운동회였지만, 아이들의 목소리를 등에 업고 열심히 달렸다. 평소에 낼 수 있는 힘의 100퍼센트, 아니 120퍼센트를 발휘한 경기였다. 결과는 당연히 우승이었다.

"……그래, 칭찬이 효과가 있다는 건 인정할게."

아직 또렷하게 남아있는 기억에 설이가 어쩔 수 없이 백기를 들었다. 하지만 자신의 경험은 경험일 뿐, 그걸 '진리'로 치부할 수는 없는 노릇이었다.

"하지만 심리 너도 알잖아. 칭찬이 만능은 아니라는 거. 기대한 대로 다 이루어지면 세상에 불행한 일은 왜 일어나겠어?"

설이의 반박에 심리가 순순히 고개를 끄덕였다.

"그래, 네 말이 맞아. 칭찬이나 기대가 좋은 힘을 가지고 있는 건 사실이지만 그것만 믿고 있다가는 큰코다치는 수가 있으니까 말이야."
"그게 무슨 소리야? 큰코다치다니?"

심리가 짐짓 심각한 표정으로 대답하자 찬이가 되물었다.

"앞면이 있으면 뒷면이 있고, 해가 있으면 달이 있는 것처럼 칭찬에도 장점과 단점이 존재한다는 뜻이지."

김심리의 심리 상담소

칭찬의 장점과 단점이 뭐냐고?

칭찬은 동기를 부여해주고 자신감을 갖게 만들 수도 있지만, 반대로 기대를 충족시키지 못할 것이라는 불안과 부담을 느끼게 만들 수도 있어.

칭찬은 약이랑 매우 비슷해요.

"아까 들려줬던 피그말리온의 이야기 말이야."

"조각상을 사람으로 변하게 했다던 남자 말이지?"

"응, 맞아. 그 이야기 속에서 피그말리온은 어떤 감정을 느꼈을까?"

심리의 물음에 설이는 당연하다는 표정으로 대꾸했다.

"그야 행복했겠지. 자신의 바람대로 조각상이 사람으로 변했으니까."

찬이도 동의한다는 듯 고개를 끄덕였다. 자신 역시도 방울토마토 나무가 콩나무처럼 커다랗게 자라난다면 헤아릴 수 없는 행복을 느낄 테니까. 상상만으로도 이렇게 행복한데 실제로 이루어진다면 더욱이 말이다. 두 사람의 대답을 듣던 심리가 또 다른 질문을 던졌다.

"그럼 조각상은 어떤 기분을 느꼈을 것 같아?"

찬이는 선뜻 대답을 하지 못했다. 설이 역시 곰곰이 생각에 잠겼다. 아이들의 기대를 한 몸에 받으며 운동장을 질주하던 때가 다시금 떠올랐다. 우승을 차지했고, 모두의 환호성을 받으며 마무리 지었지만, 설이는 그 상황이 마냥 기쁘지만은 않았다. 우승을 차지했다는 뿌듯함보다는 아이들을 실망하게 만들지 않아서, 그 기대를 충족할 수 있어서 다행스러운 마음이 더욱 컸기 때문이다. 그날의 감정을 헤아려보던 설이가 천천히 입을 열었다.

"누군가를 행복하게 만들어줘서 기뻤을지도 몰라. 그렇지만…… 부담스러웠을 수도 있을 것 같아. 상대방의 기대를 충족시키기 위해 노력해야 했을 테니까. 혹시라도 기대를 저버리고 실망시킬까 봐 두려웠을 것 같기도 하고."

"그래, 맞아. 조각상은 자신의 의지와는 상관없이 사람으로 변해버린 거잖아. 그러니까 피그말리온만큼 행복했는지는 알 수 없지. 어쩌면 조각상으로 살아가는 걸 더 좋아했을지도 모르고."

두 사람의 말에 찬이가 눈을 동그랗게 떴다. 자신이 공부보다 텃밭을 가꾸는 일에 매달리게 된 이유가 바로 그곳에 있었다. 찬이는 부모님의 기대가 버거웠다. 착하고, 똑똑하고, 말 잘 듣는 아들로 사는 것이 좋긴 했지만 때때로 힘에 부치기도 했다. 딱 한 번 시험을 망쳐서 '찬이 네가 어떻게 이럴 수 있니?' 하는 말을 들은 이후로는 더욱 그랬다. 그런 부담감에서 도망치기 위해 선택한 곳이 바로 텃밭이었다. 자신에게 아무것도 기대하지 않고, 바라지도 않는 방울토마토 나무를 바라보고 있노라면 마음이 편안해졌다. 그런데 부모님이 자신에게 그랬던 것처럼 방울토마토에게 과한 기대를 걸다니. 한숨이 푹, 새어 나왔다.

"그럼 진짜 큰일인데……."

찬이의 혼잣말에 설이가 '뭐가 큰일인데?' 하고 대꾸했다. 방울토마토 나무 앞에 쪼그려 앉은 찬이가 눈물까지 글썽이며 대답했다.

"우리 방울토마토도 나 때문에 잘못 자라게 되면 어떻게 하지? 내가 꼭 아프지 말고 예쁘게 크라고 했는데, 그 말이 부담스러웠으면 어떡해."

찬이는 금방이라도 땅굴을 파고 들어갈 듯 몸을 축 늘어뜨렸다. 안 그래도 좁고 마른 어깨가 더욱 말려들어 가는 것만 같았다. 그 모습을 지켜보던 심리가 찬이 옆으로 다가와 앉았다. 그리고는 뼈대만 앙상하게 남은 어깨를 톡톡 두드려주었다.

"큼, 내가 사람뿐만 아니라 식물 심리도 빠삭해서 잘 아는데, 방울토마토 나무도 찬이 너의 진심을 다 알고 있으니까 걱정하지 않아도 돼."

심리의 말에 찬이가 고개를 살그머니 들었다.

"……정말?"
"그럼! 봐봐, 내 말이 옳다고 잎이 흔들흔들거리잖아."

심리가 방울토마토 나무의 잎사귀를 가리켰다. 어디선가 산들바람이 불어오고 있는 건지, 정말로 잎사귀가 흔들거리고 있었다.

유치원생도 아니고, 저 말에 속는다고? 지켜보던 설이가 설마, 하는 마음으로 찬이의 뒤통수를 내려다보았다. 찬이는 그런 설이의 생각을 아는지 모르는지 금방 화색이 도는 얼굴로 대답했다.

"우와, 진짜 그런가 봐. 고개를 끄덕끄덕하는 것 같네?"

해맑은 찬이의 모습에 설이는 혀를 내둘렀다. 순진한 건지 아니면 순수한 건지. 심리도 그런 찬이의 모습에 쿡쿡, 터지는 웃음을 삼키던 그때였다.

공찬, 이설, 김심리! 너희 셋!

난데없이 들려온 이름에 찬이가 눈을 동그랗게 떴다. 내가 잘못 들었나? 의심을 말끔하게 씻어내기라도 하듯 이번에는 목소리가 더 크고 또렷하게 들려왔다.

찬이가 뒤를 돌아보았다. 설이와 심리도 어리둥절한 표정으로 주위를 두리번거렸다. 건물에 난 창문을 하나씩 훑어보던 찬이의 시선이 3층 창가로 향했다. 순간 다리의 힘이 풀린 찬이가 바닥에 털썩, 주저앉았다.

"……시, 심리야. 저, 저, 저기 위에……."

설이와 심리가 찬이의 손끝을 따라 고개를 돌렸다. 3층 창가에는 무섭기로 유명한 영어 선생님이 잔뜩 인상을 구긴 채 서 있었다.

세 사람은 부리나케 몸을 일으켰다. 하필이면 산책 삼아 교내를 어슬렁거리던 선생님의 눈에 띄고 만 것이다. 찬이를 선두로 설이와 심리가 내달리기 시작했다. 모종삽도, 물뿌리개도 그대로 내버려 둔 채였다. 영어 선생님은 세 사람의 뒷모습을 바라보며 골치가 아프다고 중얼거렸다. 세 사람은 그런 선생님의 마음을 아는지 모르는지 깔깔대며 교실로 향했다. 그 잔소리를 모두 주워들은 건 두 발 달린 사람으로 변할 수 없었던 방울토마토 나무뿐이었다.

6장
슬프고 힘들 때는 어떻게 하지?

아영이의 이야기

창밖에서는 빗줄기가 시원하게 쏟아져 내리고 있었다. 그 소리를 자장가 삼아 졸고 있던 심리의 머리가 중력을 이기지 못하고 바닥을 향했다. '쾅!' 하는 소리와 함께 이마를 책상에 찧은 심리는 발을 동동 구르며 우는 소리를 냈다. 판판한 이마 위로 금방 동그란 혹이 솟아났다. 손바닥으로 이마를 살살 문지르던 심리가 어깨를 축 늘어뜨렸다.

"방학식도 끝났고, 비도 추적추적 내리는 게…… 오늘은 아무도 안 오려나?"

 흐아아암, 심심해. 하품을 하자 책상 위에 내려앉아 있던 먼지들이 공중으로 부옇게 떠올랐다. 코끝이 간질간질해진 탓에 재채기가 저절로 튀어나왔다. 심리는 의자를 뒤로 끄집어내고는 책상 밑으로 몸을 숙였다. 분명 간이 빗자루를 여기 어디 둔 것 같은데, 머리를 부딪친 탓인지 잘 기억이 나지 않았다.

 "말 그대로 먼지만 폴폴 날리네. 청소한 지 며칠 되지도 않았는데, 언제 이렇게……."

혼잣말을 중얼거리던 그때였다. 문이 벌컥! 열리는 소리에 놀란 심리가 반사적으로 몸을 일으켰다. 책상 밑에 쭈그리고 앉아있었던 탓에 머리를 찧는 건 당연한 수순이었다. 찧은 데 또 찧었어……. 심리가 머리를 부여잡은 채 고통에 몸서리를 치고 있을 무렵, 문 앞에 선 아영이는 울먹이며 주위를 둘러보았다.

"……뭐야, 아무도 없어요?"

문도 열려 있고, 불도 켜져 있었지만 심리는 보이지 않았다. 화장실이라도 간 건가? 하는 생각이 든 순간, 책상 밑에 주저앉아있던 심리가 낑낑대며 몸을 일으켰다.

벌컥! 튀어나오려던 심리의 화가 우는 얼굴 앞에서 쏙, 하고 자취를 감추었다. 심리가 아는 체를 하자 서러움이 더욱 북받쳤는지 아영이의 눈에서 눈물이 방울방울 맺혀 떨어졌다. 당황한 심리가 헐레벌떡 문 앞으로 달려 나왔다. 아영이를 소파로 끌어다 앉히고는 따뜻한 차 한 잔을 건넸다. 한참을 울다가 휴지에 코를 흥, 하고 푼 아영이가 간신히 입을 열었다.

"있잖아, 그게……."

아영이가 울먹이며 한 말을 요약해보자면 이랬다. 아영이에게는 친한 친구들이 셋 있었다. 초등학교에 입학한 직후부터 쭉 친하게 지냈는데, 올해는 무슨 우연인지 다 같은 반에 배정이 되었다. 그 사실을 알게 된 날, 아영이는 손뼉까지 치며 좋아했다. 자신이 좋아하는 친구들과 더 가까이, 더 자주 볼 수 있게 된 셈이니까. 하지만 그 행복은 그다지 오래 가지 않았다. 머릿수가 많아지자 '더 친한' 사람과 '덜 친한' 사람으로 나뉘기 시작한 것이 화근이었다.

아영이는 무리의 중심이었지만, 동시에 아니기도 했다. 모두 아영이 덕분에 친해졌지만 학원도, 좋아하는 아이돌도, 집에 가는 방향도 달라 자연스럽게 무리에서 멀어질 수밖에 없었기 때문이다. 어느 순간부터 친구들은 아영이만 모르는 이야기를 하기 시작했고, 주말에도 아영이만 빼고 여기저기 놀러 다녔다. 자신만 쏙 빼고 새로운 단체 채팅방을 만든 게 아닌가, 하는 의심이 들기 시작한 것도 그 무렵이었다.

"그러니까 친구들이 너만 쏙 빼고 노는 것 때문에 말다툼을 하게 됐다는 거지?"
"그래. 어떻게 다들 나한테 그럴 수가 있어? 나 때문에 친해진 거면서."

다시금 감정이 끓어올랐는지 아영이의 눈에서 닭똥 같은 눈물이 뚝뚝 흘렀다. 저렇게 계속 울다가는 온몸의 물이 바짝 말라버릴지도 모를 일이었다. 심리는 휴지를 한가득 뜯어 아영이의 손에 쥐여 주었다.

"진정해, 진정. 이러다가 상담소가 잠겨버리겠어!"
"어떻게 진정을 할 수가 있어. 하루아침에 외톨이가 되게 생겼는데!"
"내, 내가 해결해줄게! 그러니까 뚝!"

심리의 말에 아영이는 거짓말처럼 울음을 그쳤다. 말랑한 볼을 타고 흐르는 눈물을 손등으로 쓱 닦아낸 아영이가 떨리는 목소리로 물었다.

"……어떻게 해결해줄 수 있는데?"

휴, 드디어 그쳤네. 안도의 한숨을 내쉬던 심리가 한쪽 벽을 가리켰다.

"그건 말이지, 저 파리를 이용하는 거야."
"……파리라고?"

아영이가 심리를 따라 고개를 돌렸다. 그곳에는 정말 파리 한 마리가 붙어있었다.

"그래, 저 파리처럼 행동하면…… 아악! 왜 때려?!"

아영이가 주먹으로 어깻죽지를 내리치자 심리는 반사적으로 몸을 구부렸다. 심리의 항변에도 아영이는 분이 풀리지 않는지 몇 번이고 더 주먹을 날렸다.

"너, 지금 내가 외톨이라고 놀리는 거지? 저 파리처럼 혼자서 쓰레기나 찾아다녀라, 이거야?"
"아니, 그게 아니야!"
"그럼 뭔데!"

아영이가 씩씩대며 심리를 노려보았다. 얼굴까지 벌겋게 달아오른 모습이 꼭 나무를 들이받기 직전의 코뿔소 같았다. 어느새 소파 끝까지 물러앉은 심리가 자신과 아영이 사이를 손으로 가리켰다.

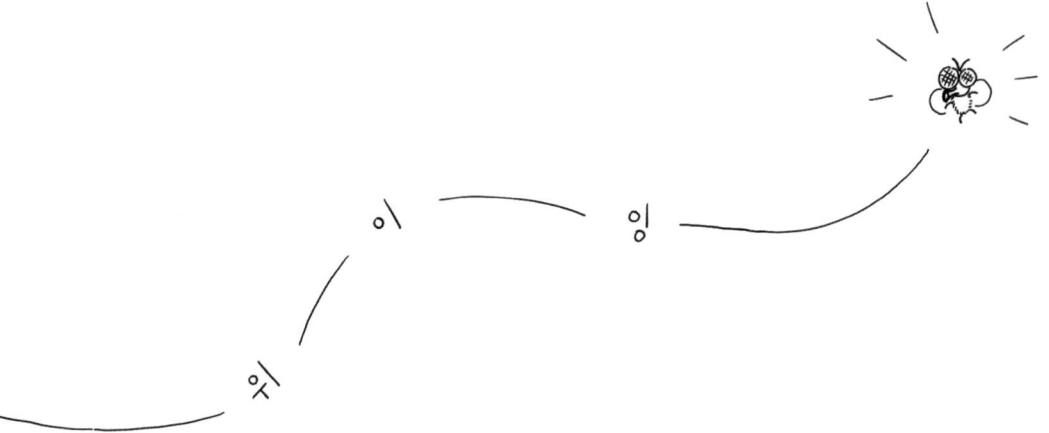

"내 말은 거리두기를 해보자는 거였다고. 멀리서 우리를 지켜보고 있는 저 파리처럼 말이야."

김심리의 심리 상담소

벽에 붙은 파리 효과가 뭐냐고?

실패하거나 좌절했을 때 자신의 상황을 객관적으로 바라보면 부정적 감정 또는 생각에서 벗어날 수 있다는 것을 말해. 아영이에게 지금 제일 필요한 거지.

사회적 거리두기란 물리적, 신체적으로 멀리 떨어져 있는 것을 말해요.

안녕!

감염병 등을 예방하고 건강을 유지하기 위한 방법 중 하나이죠.

으으, 너무 괴로워...

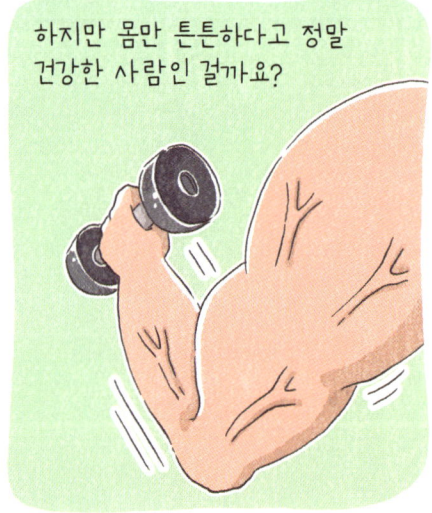

하지만 몸만 튼튼하다고 정말 건강한 사람인 걸까요?

그렇지 않아요. 몸과 마음이 모두 튼튼해야 진짜 건강한 사람이라고 할 수 있죠.

에휴... 남들한테 잘 보이려고 하는 운동 정말 지겹다...

그래서 우리에게는 사회적 거리두기만큼 심리적 거리두기가 필요해요. 몸이 아니라 마음과 마음 사이의 거리를 유지하면서 마음이 아프거나 병 드는 것을 미리 예방하는 거죠.

거리를 두니까 서로 부딪혀서 깨질 일이 없네.

거리를 유지해주세요.

물론 다른 사람들의 마음과 거리를 두는 일도 중요하지만, 가장 필요한 건 내 마음과 거리를 두는 일이에요.

그래야 조금 멀리 떨어진 벽에 붙어서 조용히 쳐다보고 있던 파리처럼 내가 처한 상황을 몇 발자국 떨어져서 관찰해볼 수 있거든요.

그럼 훨씬 더 객관적이고 냉철한 판단이 가능해집니다. 내 마음속에 재판관을 하나 만드는 셈이니까요.

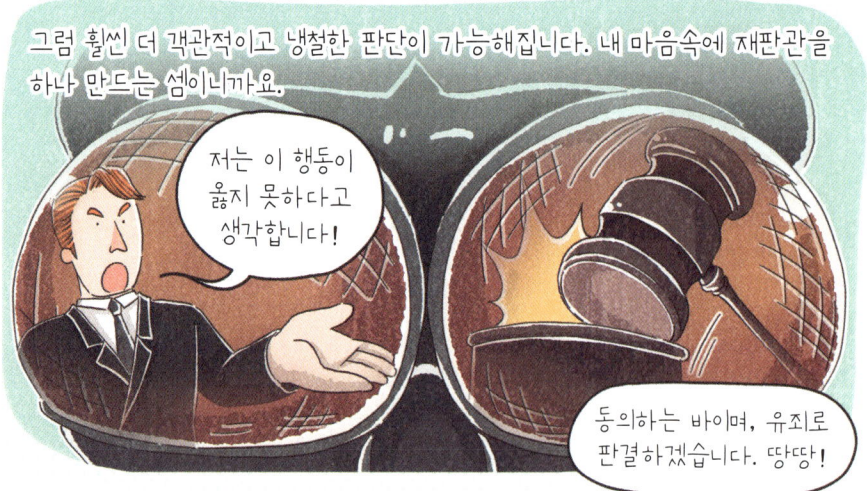

저는 이 행동이 옳지 못하다고 생각합니다!

동의하는 바이며, 유죄로 판결하겠습니다. 땅땅!

이렇듯 어떤 일에 실패하거나 좌절했을 때, 제삼자의 입장에서 바라보면 긍정적인 결과가 나타나는 현상을 심리학에서는 '벽에 붙은 파리 효과'라고 불러요.

심리의 설명을 들은 아영이는 생각에 잠겼다. 내가 내 마음과 거리를 둔다고? 눈에 보이지도 않는 마음과 어떻게 거리를 둘 수 있다는 건지 아영이는 잘 이해가 되지 않았다. 하지만 파리가 되어 조금 전 다툼을 벌이던 자신과 친구들을 내려다보고 싶기는 했다. 네모난 링이나 넓은 축구장 구석에 서 있는 심판처럼 누가 더 옳았고, 누가 더 잘못했는지 한 눈에 알 수 있을 테니까. 그런 아영이 옆으로 심리가 파리채를 휘둘렀다. 찾아오는 사람 없는 거 티 내는 것도 아니고! 먼지 쌓인 걸로도 모자라서 파리까지 날리게 둘 수는 없지. 새빨간 파리채를 이리저리 휘두르던 심리가 아영이에게 말을 걸었다.

"이제 내가 왜 파리처럼 행동해보자고 한 건지 알겠지?"
"응, 이제 알겠어. 그것도 모르고 오해해버렸네, 미안."

아영이의 짧막한 사과에 심리가 괜찮다는 듯 손을 흔들었다. 그런데 잠깐만. 파리 잡기에 여념이 없던 심리가 아영이를 향해 고개를 돌렸다. 아영이의 동그랗고 맑은 눈에는 이제 눈물 대신 호기심이 매달려 있었다.

"그 많은 곤충 중에 왜 하필 파리라고 부르게 된 거야? 벽에 붙을 수 있는 곤충은 파리 말고도 많잖아. 거미나 모기, 나방처럼."
"그건 말이지."

소파를 딛고 올라서 있던 심리가 옆으로 몇 발짝 걸음을 옮겼다. 그리고는 파리채 끝으로 벽시계의 분침을 빙글빙글 돌렸다.

"오래전으로 거슬러 올라가야 해. 1960년대 할리우드로 말이야."
"할리우드? 그게 뭔데?"

잠시 고민하던 심리가 바닥으로 가뿐히 착지했다. 그리고는 쪼그리고 앉아 책상 서랍을 뒤지기 시작했다. 풀풀 날리는 먼지에 콜록대던 심리가 커다란 두루마리를 가져와 소파 테이블 위에 펼쳤다. 지도잖아? 고개를 길게 뺀 아영이가 지도를 살펴보았다. 심리는 그 넓은 대륙 중 한 곳을 파리채로 짚었다.

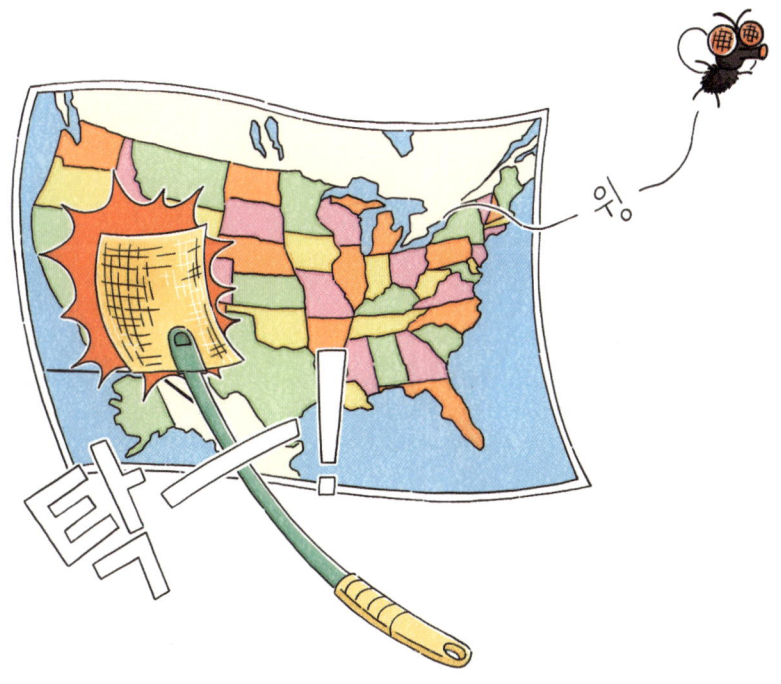

"미국 로스앤젤레스 서북쪽에 있는 지역을 말하는데, 영화의 중심지로 불리는 곳이야. 바로 이 할리우드에서 '벽에 붙은 파리'라는 용어가 탄생했지."

김심리의 심리 상담소

카메라와 관찰자가 뭐냐고?

다큐멘터리 영화에서 카메라는 움직이지 않고, 있는 그대로를 촬영해. '벽에 붙은 파리'처럼 객관적인 관찰자의 시점으로 영화 속 사건을 바라보지.

'벽에 붙은 파리'는 처음엔 심리학이 아니라 영화감독들이 사용하던 용어였어요. 1895년 12월 28일 태어난 영화라는 예술은 1920년대부터 40년대 후반까지 과학 기술의 발달 및 대중들의 관심을 거름 삼아 크게 성장했지요.

비슷한 내용을 관객들이 지루해하지 않도록 느끼게 만들려면 어쩔 수 없었거든요. 이러한 흐름 속에서 많은 영화감독들은 문제를 제기하고 나섰어요.

더 이상은 관객들을 혼란에 빠트리는 내용의 영화를 만들어서는 안 된다고 말이에요.

억지스럽게 지어낸 이야기가 아니라 실제 우리의 모습을 관찰하는 것의 중요성을 주장하기 시작한 거죠.

이들은 일부러 상황을 만들거나 배우들에게 연기를 지시하는 대신 현실을 포착하기 위해 있는 그대로를 찍기 시작했어요.

카메라를 한쪽에 고정시켜 놓은 채 말이에요. 당시 미국의 영화감독이었던 메이즐스 형제는 바로 이 모습을 '벽에 붙은 파리'라고 표현했고,

형, 이거 꼭 파리의 시선 같지 않아?

오! 정말이네.

그 뒤로 '벽에 붙은 파리'는 몰래 관찰하는 사람이라는 뜻으로 쓰이게 되었답니다.

이런 게 진짜 영화지!

벽에 붙은 파리

"우와, 영화감독들이 처음 사용했던 용어라니."

아영이는 감탄을 금치 못했다. 심리가 똑똑한 줄은 알고 있었지만 이런 것까지 빠삭하게 꿰뚫고 있을 줄이야.

"자, 그럼 우리도 한 번 파리가 되어볼까?"

자리에서 벌떡 일어난 심리가 장난스레 양팔을 흔들며 날아다니는 시늉을 했다. 그 모습이 우스꽝스러워 아영이는 큰 소리로 웃음을 터트렸다. 그대로 날아가 책상 밑으로 몸을 숨긴 채 한참을 달그락거리던 심리가 책상 위로 두 손을 내밀었다.

"인형이잖아?"

심리의 손에는 인형이 각각 하나씩 끼워져 있었다. 왼쪽 손에는 고양이 인형, 오른쪽 손에는 토끼 인형. 토끼 인형의 눈망울이 크고 반짝이는 게 어딘지 모르게 아영이를 닮은 것도 같았다. 심리는 토끼 인형이 씌워진 오른손을 열심히 흔들었다. 그 움직임에 맞춰 책상 밑에서 가느다란 목소리를 내는 것도 잊지 않았다.

"야! 어떻게 나만 빼고 놀 수가 있어? 정말 너무하다고 생각 안 해?"

익숙한 대사에 아영이가 어깨를 흠칫 떨었다. 이번에는 심리가 왼쪽 손을 흔들며 말했다.

"뭐 그런 일로 화를 내고 그래! 항상 너랑 같이 놀아야 한다는 법도 없잖아, 안 그래?"
"법이 있어야만 나랑 노는 거야? 친구니까 같이 놀자는 거잖아!"
"야, 너는 집에 가는 방향도 다르잖아! 학원도 다르고, 좋아하는 아이들도 다르고! 말이 안 통해서 재미가 없다고!"

인형이 던지는 말임에도 아영이는 마음에 길고 가느다란 상처가 나는 기분이었다. 토끼 인형은 분명 웃고 있는데도 어쩐지 울상인 것처럼 보였다. 한껏 화가 난 토끼 인형이 고양이 인형을 세게 밀쳤다.

"그럼 친구 안 하면 되겠다. 그렇지? 어차피 같이 놀지도 않을 텐데, 뭐. 이제부터 절교야! 너랑 친구 안 해!"

토끼 인형이 팽하니 돌아서는 것으로 시시한 인형극은 끝이 났다. 심리는 손에 끼웠던 인형을 빼서 아영이 품에 안겼다.

"자, 어때? 파리가 되어본 소감이."

아영이는 제 무릎에 올려진 인형들을 가만히 내려다보았다.

고양이에게만 잘못이 있을 거라고 생각했는데, 멀리 떨어져서 바라보니 꼭 그런 것도 아니었다. 토끼의 감정적이고 뾰족한 말들 때문에 고양이도 적잖이 상처 입었을 것 같았다.

"음……. 나는 내 마음을 솔직하게 표현했다고 생각했는데, 지금 생각해보니까 대뜸 화만 냈던 것 같아. 그렇지만 그때는 그럴 수밖에 없었어. 내가 얼마나 속이 상하고, 기분이 나쁜지 알아주기를 바랐으니까."
"그래, 이해해. 친구들의 행동 때문에 너도 속상했겠지. 하지만 대화를 나눌 때는 되도록 감정을 가라앉혀야 해. 어떤 부분 때문에 속이 상했고, 어떻게 해줬으면 좋겠는지 차분하게 말했다면 친구도 이해해줬을지 모르잖아."

아영이는 화가 나면 화가 나는 대로 표현하는 게 솔직한 것이라고 생각했다. 하지만 '화'가 오히려 진짜 내 마음을 보이지 않게 만들었다니. 아영이는 영화감독이 되어서 그 장면을 다시 촬영할 수만 있으면 좋겠다고 생각했다. 속으로 레디, 액션! 하고 외치자 자신과 혜지의 모습이 보였다. 상상 속 자신은 혜지에게 화를 내는 대신 논리정연하게 생각을 늘어놓고 있었다. 혜지는 잠시 생각하다 고개를 끄덕였다. 아영이의 말에 수긍한 친구들이 모두 다가와 아영이를 안아주었다. 컷! 거기까지 생각을 마친 아영이가 고개를 번쩍 들었다.

"그런데 심리야. 네가 '벽에 붙은 파리'라는 건 영화감독들이 사용하던 용어라고 했잖아."

"응, 그랬지."

"그럼 대체 언제부터 심리학 용어가 되기 시작한 거야?"

영화감독이 심심해서 심리학책을 낸 건 아닐 테고. 아영이의 말에 심리가 웃음을 터트렸다. 심리는 다시금 손에 끼웠던 인형을 집어 들었다. 그리고는 하나씩 이름을 붙여주었다. 에이덕과 크로스.

"이 두 사람이 실험을 했거든. 어떻게 하면 부정적인 경험으로부터 빨리 벗어날 수 있을지 말이야."

김심리의 심리 상담소

거리두기 실험이 뭐냐고?

부정적인 경험이나 감정을 경험했을 때 적절한 거리를 두고 자신을 돌아보는 과정은 심리적으로 치유의 효과가 있다는 걸 알려준 실험이야.

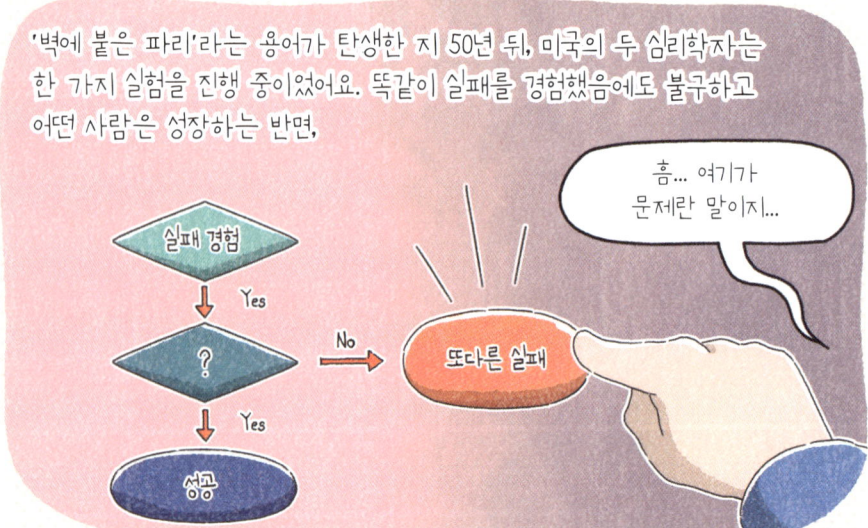

'벽에 붙은 파리'라는 용어가 탄생한 지 50년 뒤, 미국의 두 심리학자는 한 가지 실험을 진행 중이었어요. 똑같이 실패를 경험했음에도 불구하고 어떤 사람은 성장하는 반면,

흠... 여기가 문제란 말이지...

어떤 사람은 계속된 실패를 거듭하는 이유가 무엇인지 알아보기 위한 실험이었죠.

아무래도 실험을 해봐야겠어

에이덕과 크로스는 최근에 부정적 사건을 겪었던 사람들을 모집해 두 그룹으로 나누었어요.

최근 부정적 사건을 겪으신 분을 찾습니다. 사례금 500만 원

실험 참가자를 모집합니다~

한 그룹은 실패의 경험을 딛고 성장한 끝에 성공을 쟁취한 사람들이었고, 다른 그룹은 실패의 경험이 트라우마가 되어 계속해서 실패를 반복하는 사람들이었죠.

두 사람은 각각 방에 들어가 같은 질문을 던졌어요.

실패했을 때의 상황을 떠올려보세요.

그러자 놀랍게도 두 그룹은 상반된 답변을 내놓았죠.

실패를 반복한 사람들은 당시의 '감정'에 집중했던 데에 반해 성공을 쟁취한 이들은 그때의 '상황'을 묘사하고 있었던 거예요.

그때는 너무 슬프고 힘들었어요... 왜 하필 저한테 이런 일이 생기나 싶고...

제가 포기할 수밖에 없는 상황이었죠. 이유를 생각해보니까 납득이 가더라고요.

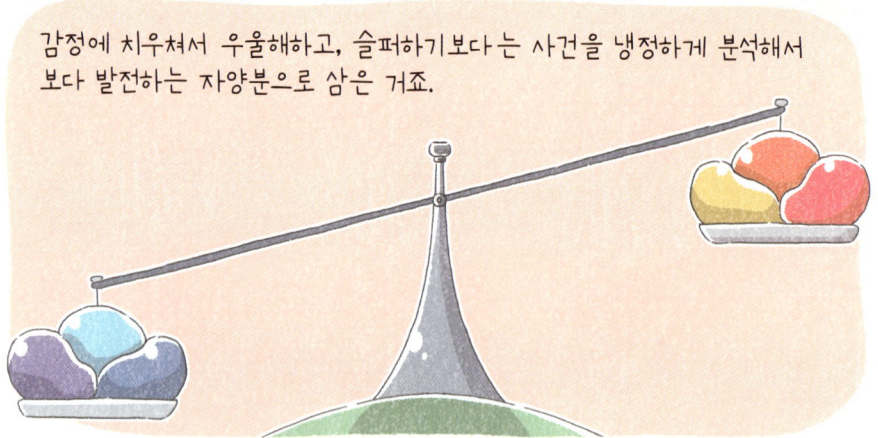

감정에 치우쳐서 우울해하고, 슬퍼하기보다는 사건을 냉정하게 분석해서 보다 발전하는 자양분으로 삼은 거죠.

그래서 똑같이 슬프거나 화가 나는 일을 겪었음에도 불구하고 다른 결과를 맞닥뜨리게 된 거예요.

굉장한 실험 결과를 얻어낸 두 사람은 또 다른 고민에 빠졌어요.

흐음…

이 현상에 어떤 명칭을 붙여야 적절할지 몰랐던 거죠.

뭐라고 정의한담…

"어때, 이제 이해가 되지? 그러니까 아영이 너도 친구들이랑 싸웠다고 울기만 해서는 안 돼. 상황을 객관적으로 잘 살펴봐야지. 그러면 분명히 해결책이 보일 테니까 말이야."

아영이는 느릿하게 고개를 끄덕였다. 객관적으로 본다는 건 어떻게 하는 걸까? 심리가 했던 것처럼 매번 인형극을 벌일 수도 없는 노릇이었다.

"내 마음하고 거리를 두려면 어떻게 해야 하는 거지? 카메라를 들고 다니면서 계속 찍기라도 해야 하나, 브이로그 너튜버처럼!"

아영이가 휴대폰을 높이 치켜들며 말했다. CCTV를 달고 다닐 수는 없으니 매번 자신의 일상을 기록하며 들여다보면 괜찮아질지도 몰랐다. 아니면 진짜 파리로 변장이라도 해야 하는 건가? 잠자코 듣던 심리가 고개를 저으며 두 팔로 크게 엑스 표를 만들어 보였다.

"땡, 땡. 전부 틀렸어."

심리의 검지손가락이 자신의 가슴께를 가리켰다. 그 위에는 빨간색 하트 모양의 패치가 붙어 있었다.

"카메라 렌즈나 파리의 눈이 아니라 바로 여기. 마음의 눈으로 보면 돼."
"마음의 눈이라고? 어떻게?"
"객관적 자아를 이용하는 거지. 아까 이야기했던 '마음속 재판관' 말이야."
"그러니까, 그 '자아'라는 게 대체 뭐냐고!"

아영이의 물음에 심리는 종이와 연필을 꺼내 들었다. 그리고는 무언가를 쓱쓱 그리기 시작했다.

김심리의 심리 상담소

객관적 자아가 뭐냐고?

<mark>객관적 자아는 나 자신을 제삼자의 눈으로 볼 수 있게 해 줘.</mark>
스스로 관찰하고 이해하는 과정을 통해 삶의 문제를 해결하도록 돕지.
<mark>내 안의 진짜 나를 알기 위해서는 객관적 자아가 꼭 필요해.</mark>

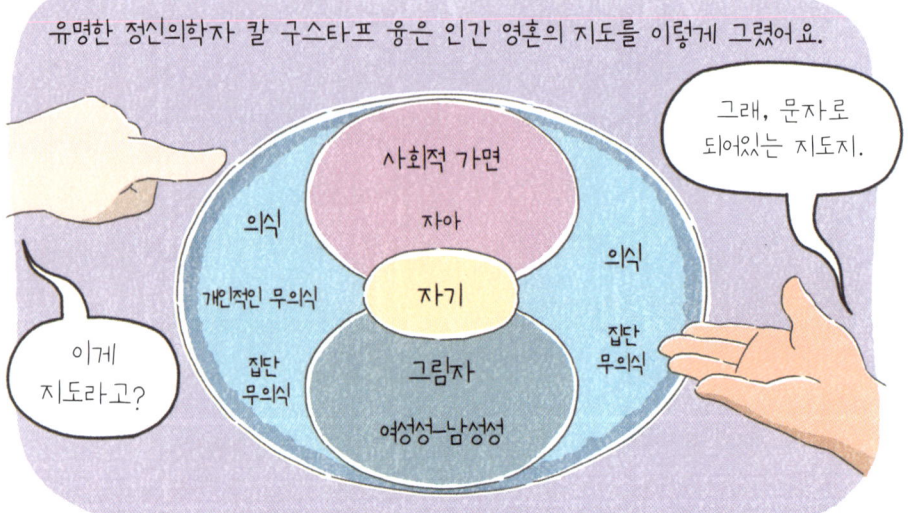

유명한 정신의학자 칼 구스타프 융은 인간 영혼의 지도를 이렇게 그렸어요.

그래, 문자로 되어있는 지도지.

이게 지도라고?

사회적 가면 / 자아 / 자기 / 의식 / 개인적인 무의식 / 집단 무의식 / 그림자 / 여성성_남성성

융이 그린 지도에 따르면 사람의 내면은 크게 두 가지로 나누어볼 수 있어요.

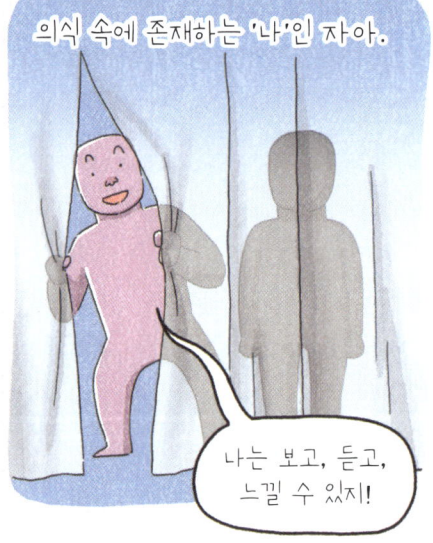

의식 속에 존재하는 '나'인 자아.

나는 보고, 듣고, 느낄 수 있지!

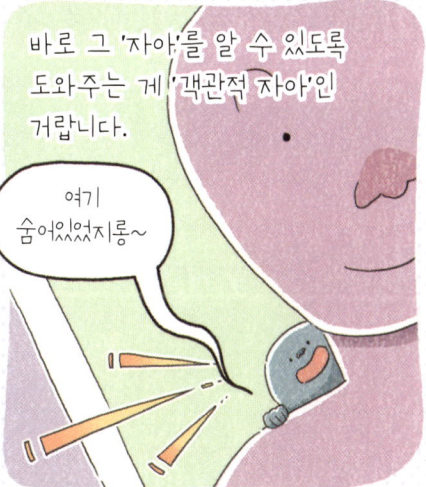

이처럼 사람은 한 가지의 자아만 가지고 있지 않아요.

상황이나 주변 사람들에 따라 다른 말과 행동을 하고는 하죠.

그렇기 때문에 내 안에 있는 모든 자아를 파악해서 '진짜 나'를 알기 위해서는 객관적 자아의 도움이 꼭 필요해요.

하나, 둘, 셋... 아홉!

음, 아홉 개의 자아가 전부 모였군. 아 참, 나까지 열!

객관적 자아의 도움을 받아서 내가 처한 상황과 감정을 관찰하다 보면 나의 생각뿐만 아니라 원하는 것 또한 명확히 알 수 있게 되거든요.

"쉽게 말하자면 네 마음속에 '김심리'를 만드는 거야. 어려운 일이나 힘든 일이 생겼을 때, 속마음을 읽고 해결책을 제시해주면 되는 거지. 지금 내가 하고 있는 것처럼."

내가 나의 상담사가 된다고나 할까? 심리의 말에 아영이는 '우와' 소리를 내며 신기해했다. 내가 무엇이든 척척 해결해주는 심리처럼 될 수 있다니! 아영이는 객관적 자아라는 건 대단한 거구나, 하고 감탄했다.

"자, 그럼 이제부터 해보는 거야. 저기 앉아서 네가 정말 원하는 게 뭐였는지, 아까 그 상황을 다시 차분히 되짚어보는 거지."

심리는 창가에 놓인 의자를 가리켰다. 의자 뒷면에는 '생각하는 의자'라고 적혀 있었다. 아영이는 그곳으로 향해 창밖을 보고 앉았다. 먹구름이 걷혀 가는 풍경을 바라보며 조금 전의 일들을 떠올리기 시작했다. 그 상황에서 무엇을 말하고 싶었는지, 어떤 감정이었는지, 그리고 어떻게 행동했어야 했는지.

아영이는 무작정 화를 내고 싶었던 게 아니었다. 친구들이 자기 자신을 위로해주고, 이해해주기를 바랐다. 친구들에게 이런 내 생각을 설명했더라면 좋았을 텐데……. 붉게 타오르던 해가 산봉우리 뒤로 얼굴을 감추기 시작할 무렵이었다. 아영이가 요란스러운 소음을 내며 자리에서 벌떡 일어섰다.

"심리야, 나 드디어 결론을 찾은 것 같아."

의자 끄는 소리에 놀란 심리가 침을 스윽, 하고 닦았다. 그새 잠이 들었는지 몽롱한 표정으로 '뭐?' 하고 되물었다.

"내 마음이 원하는 게 뭔지 알게 됐거든. 아무래도 친구들이랑 다시 얘기를 나눠봐야 할 것 같아."

급하게 짐을 챙긴 아영이는 야무지게 가방을 둘러멨다. 그대로 상담소 밖을 뛰쳐나가려던 순간, 상담소 문이 벌컥 열렸다.

"너희가 여기는 어떻게……."

문 앞에는 아영이와 다퉜던 친구들이 서 있었다. 친구들도 꽤나 당황했는지 눈동자만 도르륵 도르륵 굴려댔다. 그중 고양이를 닮은 혜지가 아영이를 향해 톡 쏘아붙였다.

"심리한테 물어볼 게 있어서 온 거야. 보아하니 너는 볼일 끝난 것 같은데, 얼른 나가지 그래?"

날카로운 말이 아영이의 마음을 쨍그랑 깨트렸다. 날카로운 파편들이 고스란히 드러났다. 아영이는 그 파편을 혜지에게 던져버리고 싶었다. 내가 얼마나 상처받았는지 너도 느껴 봐, 하고. 하지만 아영이가 진짜로 원하는 건 그런 게 아니었다. 다시 혜지를 포함한 다른 친구들과 웃으며 지내고 싶었다. 깨진 마음을 애써 손으로 쓸어 담은 아영이가 차분한 목소리로 말했다.

"아니, 볼일 아직 안 끝났어. 나는 혜지 너한테 할 말이 있거든."
"……뭐? 나한테?"

아영이가 뚜벅뚜벅 혜지 앞으로 걸어갔다. 혜지는 적잖이 놀란 표정으로 아영이를 내려다보았다. 아영이의 표정이 조금 전과 달리 너무나도 침착해서, 혜지는 저도 모르게 마른침을 꿀꺽 삼켰다.

"나는 너한테 화가 난 게 아니고 속이 상했던 거야. 다른 친구들한테 너를 빼앗긴 기분이 들었거든. 유치하다고 생각할지도 모르겠지만 말이야."

아영이는 다시금 울컥하려는 마음을 꾹 억눌렀다. 여기서 울면 안 돼. 굳은 다짐만큼이나 꽉 쥔 주먹에도 힘이 들어갔다.

"관심사가 달라진 건 어쩔 수 없다고 생각해. 좋아하는 아이돌도, 집에 가는 방향도, 다니는 학원도 다르니까. 그렇지만 소외당하는 기분이 드는 건 어쩔 수 없었어. 너희들이 웃을 때 나도 웃고 싶었고, 너희들이 화낼 때 나도 화내고 싶었는데 그러지 못했잖아."

아영이의 말에 혜지 뒤편에 서 있던 친구들이 고개를 푹 숙였다. 늘 밝고 천진만한 아영이였기에 그런 기분을 느끼고 있는지 미처 생각하지 못했던 탓이었다. 아영이가 옹졸하다고 생각했지만, 입장을 바꾸어 놓고 생각해보니 충분히 기분이 좋지 못할 상황이었다.

"그래서 너희 모두에게 섭섭했나 봐. 그런 내 감정을 잘 설명했어야 했는데 대뜸 화내서 미안해. 그건 내 잘못이야. 하지만 너희들도 내가 어떤 기분이었을지 한 번만 생각해줬으면 좋겠어."

아영이는 담담한 고백을 끝마쳤다. 혜지도, 뒤에 선 두 친구도 생각이 많아진 듯한 표정이었다. 오랜 적막을 깨고 입을 연 건 역시나 혜지였다.

"……아영이 너를 일부러 따돌리려고 했던 건 아니었어. 처음에는 네가 이해해줄 거라고 생각했고, 그다음엔 일일이 설명하는 게 귀찮아졌어. 그러다 보니까 자연스럽게 우리끼리만 대화하는 게 익숙해졌고."

아영이가 쓸쓸한 표정으로 고개를 끄덕였다. 그러자 혜지는 '자꾸 설명을 하다 보면 대화 흐름이 끊기니까…….'하고 허겁지겁 이유를 덧붙였다. 아영이는 애써 웃어 보였다. 머리로는 이해가 됐지만 섭섭한 건 어쩔 수 없었다.

"너를 배려하지 못한 건 우리 잘못이 분명한데, 네가 먼저 화를 내니까 나도 모르게 조금 짜증났었나 봐. 속상하게 만들어서 미안해. 이해해주지 못한 것도 미안하고."

혜지 뒤에 서 있던 두 친구도 따라서 미안하다고 읊조렸다. 미안한 건 아영이도 마찬가지였기에 따라서 '나도 미안해.'하고 대꾸했다. 딱딱하게 굳어있던 얼굴에 슬그머니 미소가 피어올랐다. 마주 보고 웃는 것만으로도 마음속 앙금이 녹아내리는 기분이었다.

네 사람은 그 자리에 서서 새끼손가락을 걸었다. 오늘 같은 일을 다시 되풀이하지 않기 위한 다짐이었다. 소외감 느끼게 하지 않기, 화가 날 때는 대화로 풀기, 새로운 사실이나 재미있는 내용은 단체 채팅방에 공유하기 같은 것이 주를 이뤘다. 도장, 복사, 코팅까지 마친 아영이가 혜지를 바라보며 물었다.

"그럼 우리 다시 친구 하는 거다?"

"응, 당연하지. 앞으로는 서로 배려하고, 이해하면서 지내자."

네 사람은 서로의 어깨를 감싸 안았다. 위태로운 우정을 양손으로 꽉 붙들었다. 자고로 노력 없이 유지되는 관계란 없었다.

"우리 이제 가볼게, 심리야."

짧은 인사를 남긴 네 사람이 차례로 심리 상담소를 빠져나갔다. 문이 닫히려던 찰나, 아영이가 고개를 빼꼼히 내밀었다. 분홍빛 입술 위에는 기분 좋은 미소가 걸려 있었다.

"오늘 정말 고마웠어, 심리야. 여기에 작은 너를 담아준 것도."

아영이는 심리가 그랬던 것처럼 자신의 가슴께를 톡톡 두드렸다. 그리고는 다시금 친구들 곁으로 종종거리며 뛰어나갔다. 심리는 빠르게 멀어지는 아영이와 친구들을 향해 손을 흔들었다.

"조심히 가고, 다음 학기에 또 봐!"
"응, 심리 너도 방학 잘 보내!"

아이들이 사라진 곳에는 적막이 흘렀다. 심리는 기지개를 쭉 켜며 벽 앞으로 향했다. 커튼을 걷자 아이들과 함께 찍은 사진이 훤하게 드러났다. 반갑고 익숙한 얼굴들 사이로 아영이와 찍은 사진을 걸어두었다. 어느새 빈틈이 보이지 않을 만큼 빼곡해진 벽면을 보자 심리는 마음이 뿌듯해졌다.

심리는 당분간 잠겨 있을 심리 상담소를 말끔히 정리하기 시작했다. 먼지를 털고, 바닥을 쓸고, 창문을 열어 맑은 탁한 공기를 내보냈다. 창 밖에서는 비가 그친 뒤 잔뜩 습기를 머금은 바람이 불고 있었다. 이제 곧 장마가 시작될 터였다. 심리는 불을 끄고, 문을 굳게 걸어 잠갔다. 방학을 보내고 온 뒤에는 어떤 일이 벌어질까? 한 달 후의 일이 벌써 기다려져 심장이 간질거렸다. 학생들이 모두 빠져나간 학교를 심리가 유유히 가르고 지나갔다. 오랜만에 고요를 되찾은 '김심리의 심리 상담소'도 짙은 어둠 속에서 잠을 청했다.

어린이를 위한
마음 학교 시리즈

친구마음 탐구생활

서로 다른 '나'와 '너'가 '우리'가 될 수 있는 친구 마음 탐구서!

세상 어디에서도 가르쳐주지 않았던 대화의 비법!

친구 100명 대화법